INTRODUCTION

Les propriétés locatives ont été, pendant longtemps, un moyen passif de générer de l'intérieur. L'investissement immobilier a produit certaines des personnes les plus riches du monde et continue de le faire. Mais, avant de vous joindre à ceux qui gagnent déjà beaucoup sur le marché de l'immobilier, vous devez comprendre les bases qui accompagnent la possession d'un bien locatif.

Comprendre comment les biens sont évalués est extrêmement important dans l'investissement immobilier. Si vous comprenez ce qui altère la valeur d'un programme, vous pouvez savoir ce qu'il faut manipuler pour que votre programme vaille plus d'argent.

La première chose que vous devez comprendre est que les propriétés unifamiliales sont évaluées différemment des propriétés multifamiliales. oui. Les propriétés unifamiliales (moins de cinq unités) sont supposées être achetées dans le but principal d'avoir quelque chose à vivre je. Les prêteurs (la force qui décide de l'évaluation d'une propriété) savent que la grande majorité des acheteurs d'une maison unifamiliale l'achètent pour Je suis là, pas comme un investissement. Il est important de s'en souvenir car, en tant qu'investisseurs, nous examinons ces propriétés sous un angle différent.

Étant donné que les maisons unifamiliales sont supposées être achetées à des fins d'habitation, elles sont valorisées en quelque sorte r maisons unifamiliales. Lorsque des acheteurs sont assignés par des prêteurs pour donner un avis professionnel sur la valeur d'une maison unifamiliale, ils mettez la propriété à renvoyer les propriétés vendues qui sont proches et de taille et de marque similaires. Nous appelons les maisons qu'ils utilisent pour comparer la propriété en question à "comparables" ou "sommes" pour faire court.

Si vous voulez savoir comment Wholway Rhorertu ROLUST, vous LOK IT THERUR SANS SLANNDSHNDS, Nombre de b Edrationm, Ant Soundorn. C'est ce qu'un évaluateur examinera lorsqu'il déterminera la valeur de la propriété que vous avez achetée.

Les propriétés multifamiliales sont différentes. Les prêteurs assument que les propriétés multifamiliales sont achetées dans le but de gérer une entreprise. Les prêteurs savent que les propriétés multifamiliales sont achetées principalement dans le but de gagner de l'argent, elles sont donc considérées comme une entreprise.

Sachez simplement que les propriétés multifamiliales sont évaluées en fonction du montant des bénéfices qu'elles génèrent, et non du prix auquel les autres propriétés multifamiliales sont vendues. Si vous souhaitez augmenter la valeur d'une maison multifamiliale, vous augmentez sa rentabilité. Si vous souhaitez augmenter la valeur d'une maison unifamiliale, vous améliorez sa qualité par rapport à d'autres maisons unifamiliales plus précieuses à proximité.

CHAPITRE UN

Qu'est-ce que
l'investissement locatif ?

Il existe plusieurs façons différentes d'investir dans la propriété, y compris le retournement de la maison, l'investissement dans la propriété locative et l'investissement en FPI ing. Investir dans un bien locatif, c'est quand vous achetez un bien afin d'obtenir des revenus de location provenant d'un commerce ou d'une résidence locataires dentaires. Un achat de propriété locative peut être payé au comptant ou financé par une hypothèque.

Signe que vous êtes prêt à investir dans un bien locatif

Bien que la décision de commencer à investir dans un bien locatif vous appartienne en fin de compte, il est important de faire le point sur votre aile circonstances particulières et personnelles avant de faire un tel achat. Les trois questions suivantes peuvent aider à évaluer si vous êtes prêt à investir dans un bien locatif :

- Votre flux de trésorerie est-il capable de résister à des périodes prolongées de faible demande des locataires et à une baisse de la valeur locative ?
- Êtes-vous bien informé et désireux d'investir dans un bien locatif ?
- Cela ne peut pas vous rendre à l'avenir

Si vous avez répondu "oui" à ces questions, vous pouvez le prendre comme un signe fort que vous êtes prêt à investir dans ntal popepy.

Performance historique de l'immobilier

Le marché du logement a bien performé historiquement. Quand sommré avec d'autres classes d'actifs, telles que des actions ou des marchandises, il a été beaucoup plus prévisible et pas aussi volatil. Alors qu'il y a eu certaines années plates d'augmentation des valeurs de la maison et même certaines années décroissantes, les valeurs de la maison en général ont augmenté d'année en année. Accopдing aux États-Unis Selon le Census Bureau, les prix des maisons neuves sont passés d'un prix moyen de 19 300 $ en 1963 à 228 300 $ en 2002 (pièce 1-1). C'est un total augmentation de la valeur de 1082,9 % sur une période de 40 ans, ce qui Un taux de croissance annualisé très stable de 6,37 %. Ainsi, si vous avez eu la chance d'acquérir un petit portefeuille de cinq locations seulement maisons en 1963, leur valeur globale valait aujourd'hui, en moyenne, environ 1 141 500 $.

Apprendre à connaître la méthode By, Rehab, Rent, Refinance et Reeat

Dans sa compréhension la plus fondamentale, BRRRR est la meilleure façon d'acheter une propriété si votre objectif est de posséder plus d'un ou deux. Il vous permet de récupérer la plus grande partie de votre capital hors du projet dans la mesure du possible. Cela vous aidera pour de nombreuses raisons que nous couvrirons dans le livre.

La méthode BRRRR est une alternative à la méthode traditionnelle de construction d'un projet. Quand je me réfère à la méthode traditionnelle, je la définis comme un acompte important, puis en dépensant le montant minimal d'argent nécessaire pour préparer l'endroit. C'est la formule que la plupart des investisseurs suivent depuis des décennies. Il nécessite le moins de réflexion, d'effort et de prévoyance, et est donc le plus facile. Cependant, ce qui est le plus facile n'est pas toujours ce qui est le mieux.

Quatre façons de profiter de la possession d'un bien immobilier

La performance historique de l'immobilier en tant que classe d'actifs ne représente qu'une partie des gains disponibles pour les investisseurs et les investisseurs. résulte d'une augmentation de valeur qui est attribuée à trois arrestations. Il existe trois autres moyens inhérents à l'immobilier sur lesquels les investisseurs peuvent également capitaliser. Les avantages sont obtenus grâce à des réductions du principal d'un prêt, à des économies d'impôt et à des revenus positifs nets générés par les loyers. Chang pour la valeur Valute Value That speete à travers perta tarogh devinant à travers arraden, chingry Are Due Four Founding Supply et de l'opinion. Le Federal Reserve Board (Fed) est responsable des changements dans l'approvisionnement en argent de la nation. Les augmentations de la monnaie entraînent une dévaluation du dollar et, à l'inverse, une augmentation des prix. te. Au fur et à mesure que de plus en plus de dollars inondent le marché et deviennent disponibles pour acheter des marchandises, leur valeur commence à diminuer. Par exemple, sans trop sortir avec moi-même, je peux me souvenir comme un enfant quand il ne coûtait que 25 cents pour aller au cinéma. Le tarif en vigueur va maintenant de 6 $ à 10 $ par billet selon l'endroit où vous vivez. Non seulement cela coûtait moins cher d'entrer dans les films, mais les coûts de la nourriture, de l'essence et du logement, ainsi que de tous les autres biens, al étaient donc beaucoup moins alors. Le fait que cela ne soit pas dans le cas où il est possible de réaliser le fait que le fait de même, de même , La deuxième composante de l'appréciation des prix reflète l'évolution de la demande de logements. Des changements positifs dans les conditions économiques pour de nombreuses familles au cours des dernières décennies ont rendu le foyer plus attrayant la propriété un peu, entraînant ainsi une augmentation de la demande. D'autres coups qui ont réussi qui ont réussi à résoudre le logement pour le logement, ce qui est devenu à plus en plus de deux ans. Le premier se produit naturellement par la naissance d'enfants, tandis que le second découle d'un flux constant d'immigrants dans le pays.

Le deuxième avantage pour les propriétaires d'un investissement locatif se traduit par des réductions de prêt. Chaque mois, au fur et à mesure que le paiement hypothécaire est effectué, une partie du paiement est affectée à la fois à l'intérêt et au principal. Puisque réduire le principal signifie réduire le solde du prêt, comme les paiements sont effectués mois après mois et année après année, le b le solde sera finalement payé en totalité. Dans les premières années de remboursement, la majeure partie du paiement est versée à l'intérêt, avec très peu d'effet sur le principe. siral. Au fil du temps, cependant, les proportions respectives commencent à s'inverser progressivement à mesure que la part d'intérêt diminue et que le principe la partie réelle augmente. Un prêt avec une période d'amortissement de 30 ans, par exemple, sera remboursé en 360 mois exactement si des versements annuels sont effectués sur la durée du prêt. La beauté de cet avantage est que ce sont les locataires qui effectuent les paiements mensuels et réduisent par la suite le solde du prêt.

Le troisième avantage pour les propriétaires de biens locatifs d'investissement découle d'une réduction de leur assujettissement à l'impôt. Le service des revenus internes (IRS) exige que les biens de location soient amortis sur un horizon temporel spécifique.

L'amortissement peut être un peu déroutant pour les investisseurs qui sont nouveaux dans le concert. La chose importante à comprendre est qu'il s'agit d'un calcul effectué principalement à des fins fiscales et n'a aucune incidence sur le flux de trésorerie provenant des opérations. Le calcul est effectué à des fins de déclaration d'impôt sur le revenu et ne doit pas être pris en compte lors de l'estimation du flux de trésorerie d'un bien locatif, car c'est un événement annuel et ne peut être appliqué efficacement aux dépenses mensuelles en cours. Ne vous méprenez pas, cependant, une réduction de votre assujettissement à l'impôt est un avantage très réel, et dépend de la façon dont de nombreuses propriétés sont détenues et la rentabilité de chacun, et la responsabilité fiscale du vendeur peut être réduite à zéro.

Le quatrième avantage pour les propriétaires d'investissements locatifs découle du flux de trésorerie net positif produit à partir des paiements mensuels effectués par le locataire. C'est la part qui reste après avoir pris la différence du revenu mensuel de location moins toutes les dépenses. Les investisseurs de maisons de location devraient s'efforcer d'acheter uniquement des propriétés qui répondent à deux tests. Le premier test consiste à trouver un bien locatif dont le prix est égal ou inférieur à la juste valeur marchande, et le deuxième test consiste à s'assurer que le les flux de trésorerie sont correctement.

Pour que l'argent d'un projet de location coule correctement, il devrait suffire de produire un résidu sur une base continue. Cela signifie qu'à la fin du litige, une fois que toutes les dépenses du mois ont été payées, y compris le principal, les intérêts, les taxes et les assurances (PITI), un investisseur devrait avoir quelque chose de plus. Un flux de trésorerie positif net de la propriété n'est qu'une façon de plus pour les investisseurs de bénéficier de la propriété de biens locatifs.

Perspectives économiques du logement pour le jour à venir

Il y a eu beaucoup de spéculations sur la soi-disant bulle immobilière. Après avoir assisté à l'American Housing Conference à Chicago, je suis plus convaincu que jamais qu'il n'y a pas de bulle immobilière.

Cela ne veut pas dire que le taux de croissance du marché immobilier ne ralentira pas, car il le fera sûrement. Il peut même y avoir des périodes de douceur avec des valeurs de maison plates à déclinantes, comme il y en a toujours eu. Les 40 dernières années de croissance à un taux annuel moyen de 6,37% devraient cependant s'avérer être un indicateur fiable de ce à quoi nous pouvons nous attendre dans le futur.

Dr. David Berson, vice-président et hésitant surtout pour Fannie Mae, a assisté à l'American Housing Conferense à Chisago pour en vouloir à un droit plus rare, "Perspectives d'économie à long terme, de logement et d'hypothèques jusqu'en 2010." Dans sa présentation Dr. Berson s'est concentré sur plusieurs points clés en ce qui concerne les perspectives favorables pour l'industrie nationale du logement au cours de la prochaine décennie. La première d'entre elles est une prévision qui prévoit une croissance réelle moyenne du produit intérieur brut (PIB) de 3,4 à 3,5 %, contre 3,2 % ent pendant les années 1990 (voir la pièce 1-2). De plus, Dr. Les prévisions de Berson pour les prêts hypothécaires à taux fixe sont de 7,2 à 7,5 %, contre 7,9 % au cours des années 1990. Un environnement de taux d'intérêt plus favorable pour le logement est presque toujours un indicateur haussier.

La méthode traditionnelle expliquée

La majorité des biens immobiliers sont achetés avec l'argent de quelqu'un d'autre. Il s'agit généralement d'une banque, d'un courtier en hypothèques ou d'un autre établissement de crédit. Alors que la plupart des acheteurs de maisons en Amérique achètent dans le but de vivre dans la propriété d'eux-mêmes, la plupart d'entre eux Les autres profitent de l'opportunité d'utiliser le plus quelqu'un d'autre.

Dans la méthode traditionnelle, le financement est la première étape de l'ensemble du processus. L'acheteur de la maison obtient un prêt, l'utilise pour acheter la propriété, puis la répare et la loue. L'investisseur met l'accent sur le moment où il achète (l'acompte) et sur le moment où il se réhabilite (ce que vous payez à l'entrepreneur pour qu'il soit prêt à louer). Ensuite, ils sont terminés. Le montant que la banque permet à l'acheteur de la maison d'emprunter est basé sur la valeur de la propriété avant que toute amélioration ne soit apportée.

Si l'investisseur a bien fait, la maison vaut maintenant plus que ce qu'il a payé, il reçoit un bon retour sur investissement (ROI), et il a une taille ble montant d'équité dans la propriété. Dans le modèle traditionnel, cela serait considéré comme un succès, et pour de nombreuses raisons, la majorité des investisseurs se sont arrêtés ici.

Une fois que la propriété est stabilisée et louée, l'investisseur commencerait à économiser de l'argent pour acheter sa prochaine propriété et répéterait le processus s. Ce modèle est simple et nécessite généralement moins de travail. C'est avec ce processus précis que j'ai acheté chacune de mes locations de 2009 à 2016. Ce n'était pas la meilleure façon d'acheter un bien immobilier, mais c'était C'est tout ce que je savais.

Le problème avec cette méthode est que pendant que j'ajoute de la valeur et que je crée de l'équité en achetant un bien immobilier, la majeure partie de cette valeur reste dans le e propery. Bien que cela ait l'air bien sur une feuille de calcul, il y a un problème majeur avec cela - je ne peux pas utiliser cet argent pour acheter plus de biens. La seule chose la plus importante qu'un investisseur immobilier puisse faire pour accroître sa richesse est d'ajouter de la valeur à une propriété, que ce soit en achetant en dessous de la valeur du marché ou ajouter de la valeur grâce à une cure de désintoxication.

Le problème avec le modèle traditionnel est que vous laissez tellement de droit à l'accord lorsque vous avez terminé que vous ne pouvez pas accéder à ce sarita Je passe par le prochain projet, et le prochain projet est celui où vous gagnez toujours le plus d'argent ! C'est par l'acquisition d'un bien immobilier à bon prix que nous créons de la richesse et que nous conservons cette propriété pendant de longues périodes. t nous construisons de la richesse. Il est très difficile de faire cela lorsque toute votre richesse est coincée dans la dernière propriété que vous avez achetée !

La méthode BRRRR

Donc, si nous avons besoin d'argent pour gagner de l'argent, mais que notre argent reste dans la propriété que nous venons d'acheter, comment résolvons-nous ce dilemme ? Entrez la méthode BRRRR. La méthode BRRRR fonctionne de la même manière que la méthode traditionnelle, mais dans un ordre différent. Cette petite différence conduit à un résultat radicalement différent.

Lorsqu'un investisseur utilise la méthode BRRRR, il

commence par générer de l'argent pour la propriété, plutôt que de la financer. Je sais que pour beaucoup de gens, cela peut sembler étrange, mais soyez indulgent avec moi. Il existe de nombreuses façons d'obtenir cet argent, et de nombreux autres avantages à retirer de l'argent dont je parlerai plus tard. Pour l'instant, assurez-vous simplement de noter que l'argent est investi dans le projet dans le premier: acheter la propriété.

Ensuite, l'investisseur gère la partie réhabilitation. De plus l'affichage est rut dans le rrojest. Dans l'immobilier, les investisseurs peuvent ajouter de la valeur à leur investissement de deux manières.

C'est plus que ce que ça vaut, "buuing"

Ils augmentent la valeur en améliorant l'état du rorertu, en "forçant l'arrestation" ou en "construisant" l'équité grâce aux processus de réadaptation.

Il est important de noter que, dans la méthode BRRRR, ce sont les deux premières choses que fait l'investisseur. Avec BRRRR, vous ajoutez de la valeur avant de financer quoi que ce soit.

Après la partie de réadaptation, l'investisseur met le bien à louer et commence immédiatement à collecter les flux de trésorerie. Ce flux de trésorerie est plus élevé que dans la méthode traditionnelle au début car il n'y a pas d'hypothèque sur la propriété.

Une fois que le projet est acheté, réhabilité et loué, l'investisseur le refinance. Le montant financé est basé sur la valeur de la propriété après qu'elle a été fixée (lorsqu'elle est plus élevée). Cela diffère du modèle traditionnel où le montant financé est basé sur la valeur du prêt avant qu'il ne soit fixé (lorsqu'il est inférieur). C'est le fait clé qui rend

BRRRR si efficace. Lorsque la banque évalue l'opportunité de vous accorder un prêt, elle évalue une propriété qui est fixe et qui vaut plus avec la méthode BRRRR. Avec la méthode traditionnelle, la banque évalue le projet avant qu'il ne soit corrigé, ce qui le rend moins intéressant.

Étant donné que de nombreuses maisons sont achetées avec un financement, de nombreuses réponses supposent simplement que vous ne pouvez obtenir qu'un prêt pour acheter une maison, mais ce n'est pas vrai. Dans la cinquième partie : Le processus de refinancement de ce livre, nous parlerons de la façon dont les prêteurs accordent des prêts. Pour l'instant, il suffit de comprendre qu'un prêt peut être garanti par un actif à tout moment, pas seulement lors de l'achat.

Ce qu'il est important de comprendre à ce stade, c'est qu'en fin de compte, la méthode BRRRR vous permet d'éviter votre projet à cause de l'ordre er dans lequel vous suivez les différentes étapes de l'achat d'une location. Dans la méthode traditionnelle, vous le financez en premier. Dans la méthode BRRRR, vous la financez en dernier. Celui-ci semble être une différence insignifiante dans l'ordre dans lequel vous déterminez votre stratégie, c'est la différence entre certains aiment acheter deux maisons par an ou construire 24 maisons par an. C'est facile à suivre.

Les petites charnières ouvrent de grandes portes, et BRRRR est la petite charnière ultime.

Comment BRRRR augmente votre retour sur investissement

Les meilleurs investisseurs utilisent la méthode BRRRR pour plusieurs raisons. L'une des choses les plus importantes est le moyen le plus rapide d'augmenter votre retour sur investissement. L'augmentation de votre retour sur investissement rend votre travail plus efficace pour vous, et travailler efficacement est la raison d'être de BRRRR.

Je vais vous expliquer comment BRRRR comprend cela, mais avant de le faire, je vais vous expliquer ce qu'est le retour sur investissement et comment il est calculé.

ROI défini

Le retour sur investissement est une mesure utilisée pour décrire comment un investissement fonctionne. C'est l'un des moyens les plus simples de comparer les investissements, et il est utilisé dans tous les véhicules d'investissement, pas seulement réel domaine.

Le retour sur investissement est le pourcentage de votre investissement total que vous pouvez vous attendre à recevoir dans une année. Si votre retour sur investissement est de 5 %, vous pouvez vous attendre à recevoir 5 % de votre investissement sur une période de 12 mois. Cela signifie que si vous avez investi 10 000 $, vous pourriez vous attendre à recevoir un retour de 500 $.

Le retour sur investissement est l'une des premières mesures que vous devez comprendre dans votre parcours de maîtrise du financement. C'est incroyablement utile - et universel - parce que c'est une langue parlée par presque toutes les entreprises. Si vous mettez de l'argent dans un CD bancaire (certificat de perte) à un rendement de 5%, 5% serait votre retour sur investissement. Si vous prêtez de l'argent à quelqu'un avec un rendement de 8 %, 8 % serait votre retour sur investissement.

Lors de l'application du retour sur investissement à l'investissement immobilier, nous ne faisons généralement référence qu'au flux de trésorerie lors de l'examen du retour sur investissement. Il s'agit d'une distinction importante car l'immobilier est un investissement indu qui rapporte de l'argent à ses propriétaires de plusieurs manières. , tels que l'arrestation, le flux de ceinture, la réduction de la dette, etc. Notez que lorsque nous parlons de retour sur investissement, nous parlons de la part de flux de trésorerie de votre bénéfice, rien d'autre. Parce qu'il est spécifique aux flux de trésorerie, le retour sur investissement dans l'immobilier est également appelé un retour «cash on cash».

La formule de calcul du retour sur investissement est très simple. Vous prenez votre profit et le divisez par le montant que vous avez investi. Nous appelons ce montant d'argent que vous avez investi votre "base" car elle est souvent composée de plus d'une source de capital. En investissant, nous dépensons de l'argent pour l'acompte, les frais de fermeture, les frais de réadaptation, les frais de maintien, etc. L'accumulation de toutes ces dépenses ajoutées est votre base.

Afin de calculer votre retour sur investissement, vous prendriez votre flux de trésorerie mensuel et le multiplieriez par 12 (car il y a 12 mois dans une année). Ensuite, divisez ce nombre par votre base et boum ! Vous avez votre retour sur investissement.

Exemple:

Vous avez une propriété dans laquelle vous avez investi 50 000 $ de capital.

Les flux de trésorerie réels sont de 400 $ par mois après les dépenses.

400 $ x (12) = 4 800 $

4 800 $ / 50 000 $ = 9,6 %

Votre retour sur investissement est de 9,6 %, ce qui signifie que vous récupérerez 9,6 % de votre base d'investissement chaque année.

Comment augmenter votre retour sur investissement

Tout bon gestionnaire financier ou entreprise souhaite augmenter son retour sur investissement. Parce qu'il y a deux chiffres inclus dans la formule pour le retour sur investissement (bénéfice annuel et base d'investissement), il y a deux méthodes pour augmenter selon votre retour sur investissement.

- Vous pouvez augmenter votre profit
- Vous pouvez diminuer votre base

Assez simple non? Comprendre ces formules rend l'immobilier beaucoup plus gérable.

Il existe plusieurs façons de promouvoir votre entreprise. Le moyen le plus simple est de gagner plus (augmenter le loyer) ou de dépenser moins (diminuer les dépenses). Des livres entiers ont été écrits sur ces méthodes et il est important que vous les compreniez. Les bons investisseurs connaissent les techniques pour gagner plus d'argent et dépenser moins pour leurs biens.

La raison pour laquelle cela a si bien fonctionné est que votre flux de trésorerie a tendance à augmenter à mesure que les loyers augmentent. Les loyers n'augmentent que si vite, et parfois pas du tout. Cela crée une restriction sur votre capacité à appliquer la partie bénéfice de la formule et prend le contrôle de votre capacité à mettez en valeur votre investissement.

Diminuer votre base est très différent. Vous avez beaucoup, beaucoup plus de contrôle sur cette partie du processus. BRRRR fonctionne si bien parce qu'il vous permet de réduire la base en utilisant quelques techniques simples et en restructurant l'ordre en wh si vous financez le projet.

Et au cas où vous vous poseriez la question, la diminution de la base peut avoir un GRAND impact sur votre retour sur investissement.

Considérez ceci : si vous utilisez la méthode BRRRR au lieu de la méthode traditionnelle et que vous êtes en mesure de réduire votre base de 50 000 $ à 20 000 $ 00 (en empruntant la différence de 30 000 $), votre flux de trésorerie diminuerait d'environ 150 $ par mois selon l'intérêt du jour tarifs.

Cependant, votre retour sur investissement total augmenterait considérablement.

Exemple:

250 $ (nouveau flux de trésorerie) x 12 = 3 000 $

3 000 $ / 20 000 $ (nouvelle base) = 15 %

Votre nouveau retour sur investissement est de 15 %, contre 9,6 %. C'est une augmentation de 61% du retour sur investissement en ne faisant rien d'autre qu'emprunter plus d'argent contre notre investissement parce que vous avez changé l'ordre dans lequel vous l'avez financé.

Maintenant, c'est en fait un échantillon beaucoup moins dramatique que certaines des transactions que je fais moi-même. Je l'ai utilisé pour prouver que même sur un accord qui n'est pas un tueur, BRRRR peut augmenter considérablement votre retour sur investissement simplement parce que vous abaissez votre base C'est plus important que d'augmenter votre flux de trésorerie.

De nombreux nouveaux investisseurs ne comprennent pas cela et supposent qu'ils ne peuvent augmenter leur retour sur investissement que lentement, année après année, à mesure que les loyers augmentent. Les investisseurs expérimentés recherchent des moyens de mieux contrôler leurs investissements pour les rendre plus performants.

BRRRR tire le meilleur parti de votre capital

Augmenter votre retour sur investissement, c'est bien, mais c'est vraiment l'un des meilleurs moyens de faire de BRRRR un meilleur investisseur. À mon avis, un avantage encore meilleur de BRRRR est le fait qu'il vous permet de faire en sorte que votre carital travaille plus fort pour vous, pas seulement pour votre retour sur investissement.

En tant qu'investisseur, le montant du capital dont vous disposez est extrêmement important. Sans carital, vous ne pouvez pas acheter d'offres. Si vous ne pouvez pas acheter d'offres, vous ne pouvez pas ajouter de valeur à votre valeur nette. Vous ne pouvez pas ajouter de flux de trésorerie à votre revenu passif. Vous ne pouvez pas obtenir de retours en achetant, en réhabilitant et en gérant correctement, ce qui nuit à votre capacité à vous améliorer. Sans un minimum, vous ne pouvez pas investir dans d'autres offres. Vous ne pouvez pas faire de prêts. Vous ne pouvez pas fuir les maisons. Vraiment, vous ne pouvez pas mush mais lire et parler.

Il est de la plus haute importance de s'assurer que vous avez suffisamment de ressources disponibles pour continuer à investir. Vous pouvez être l'investisseur le plus intelligent du monde, mais vous n'avez rien à faire, vous ne faites rien que le pire investisseur. Alors que beaucoup croient qu'il faut investir autant que possible (pour augmenter les flux de trésorerie en réduisant l'hypothèque), c'est trop Une autre façon de considérer les investissements qui ne tiennent pas suffisamment compte des jeûnes.

En empruntant 30 000 $ supplémentaires, nous perdons 150 $ en flux de trésorerie (au moins au départ, bien qu'une partie de ces 150 $ aille vers le capital et ne soit pas vraiment « perdue »). Mais ce que nous avons gagné, c'est la capacité de réinvestir cet argent pour un flux de trésorerie supérieur à celui que nous avons perdu en l'empruntant. Si nous nous assurons que le retour sur investissement que nous réalisons sur notre argent est supérieur au taux d'intérêt, nous nous précipitons pour emprunter l'argent, nous en sortons.

Par exemple, disons que nous investissons 30 000 $ au même retour que nous avons reçu lors de la dernière transaction (15 %). Un rendement de 15 % sur 30 000 $ serait de 375 $ par mois.

30 000 $ x 0,15 = 4 500 $

4 500 $ / 12 (nombre de mois) = 375 $

Comparez cela aux 150 $ que nous avons perdus pour l'emprunter. C'est une différence de 225 $ dans notre compte bancaire chaque mois.

Préférez-vous avoir 375 $?, plus l'utilisation future de la propriété) ou 150 $?

En d'autres termes, pourquoi ne voudriez-vous pas emprunter de l'argent à un taux d'intérêt de 4 à 5 % (auprès de la banque) alors que vous pouvez l'investir à 15 % ? les autres avantages de posséder un immeuble de placement ? Penser d'un point de vue qu'onlu sonsiders perd de la trésorerie en empruntant de l'argent contre un rrorertu est à courte vue.

Un retour sur investissement de 70 % n'est pas une mauvaise décision sur un projet qui vous manque. BRRRR vous permet de faire un meilleur usage de votre carital que la méthode traditionnelle. Si vous voulez voir plus d'exemples de la façon dont cela fonctionne dans la vraie vie, et que vous réalisez comment cela vous permet de jouer sur le rameur de la vague qui Tout en investissant dans l'immobilier, je suis convaincu que vous aussi, vous n'investirez jamais dans un autre gars.

BRRRR augmente la vélocité de votre argent

Viewct, plus que ce soit un moyen de réaliser des moyens de faire pour que vous puissiez faire la part de celle-ci. Plus vite vous envoyez de l'argent et le récupérez avec un profit, plus vite vous pouvez construire votre richesse. J'aime penser au nombre de maisons que je peux acheter avec le même dollar. Il y a une grande différence entre économiser un dollar pour investir et investir un dollar, le récupérer et l'investir dans un gagner. Cette différence équivaut à des économies massives lorsqu'elle est calculée dans le temps.

Si j'achète une propriété qui me rapporte 10 % chaque année, je dois attendre dix ans avant de pouvoir récupérer cet argent et le réinvestir t à nouveau. Si j'achète une propriété et que je retire 100 % du capital que j'y ai investi, j'achète immédiatement un autre prêt. Il y a BEAUCOUP de rameurs à vagues que vous pouvez inventer en dix ans quand il s'agit d'acheter un bien immobilier.

Cela peut ne pas vous sembler très important pour le moment, mais considérez quelques faits :

Si je Saq élimine 100 pour cent de mu Sau ulr (AN poout, round engourdi ?), That Fire Fow Properties A Uker , avec exactement le même carital.

Actuellement, j'ai en moyenne 25 000 $ en capital et 400 $ en trésorerie sur chaque maison unifamiliale I BRRRR. Si les loyers augmentent de 5 % par an, sur cinq ans, mon flux de trésorerie est susceptible d'avoir augmenté de 400 $ à 650 $ par mois.

Au bout de cinq ans, même si chaque propriété que j'achète n'arrête jamais un dollar, j'aurai ajouté 500 000 $ à ma valeur nette (par exemple, 20 maisons à 25 $ 000 en chacun) et 13 000 $ en flux de trésorerie pour mon revenu passif (20 maisons à 650 $ par mois.

Même si les loyers ne continuaient pas à augmenter, j'aurais toujours 8 000 $ par mois en trésorerie. Comparez cela à une maison, avec 400 $ par mois de trésorerie et 25 000 $ au total ajoutés à ma valeur nette. Pouvez-vous voir l'énorme différence entre investir dans des propriétés locatives en utilisant la stratégie BRRRR et non ?

Lorsqu'il s'agit d'investir dans l'immobilier, vous avez deux options principales. Apprenez à BRRRR ou utilisez la méthode traditionnelle. De tous les comptes que je peux voir, BRRRR est meilleur sous de nombreux angles, mais l'un des plus gros est l'augmentation qu'il peut avoir sur l'augmentation de la vitesse de votre moneu. Acheter une bonne affaire augmentera votre richesse; acheter tout un tas d'entre eux, beaucoup plus rapidement, fera monter en flèche votre richesse!

BRRRR augmente l'efficacité de votre investissement

Développez le fonds émergent de vos propriétés plus rapidement et obtenez de meilleurs prix sur la restauration de vos propriétés. Découvrez quels types de propriétés feront de bons investissements.

Trouvez les meilleurs agents, grossistes, entrepreneurs et autres avec qui travailler.

Faites une petite quantité d'étirement sarital plus loin que vous ne pouvez l'imaginer.

Achetez des biens sous-évalués sur les marchés susceptibles d'augmenter le loyer.

Créez une liste de plus d'offres que vous ne pouvez acheter en même temps et élaborez des processus qui éliminent le stress du réel. investir.

La réadaptation fonctionne efficacement, dans les limites du budget et dans les délais, tout en récupérant de grandes quantités du capital initial que vous avez investi.

Et bien plus encore !

La méthode BRRRR est le moyen le plus efficace d'acheter une propriété, une période, et c'est pourquoi cela change la donne lorsque vous apprenez à exploiter c'est sa puissance. C'est tellement puissant, en fait, que je conseille souvent aux investisseurs débutants de ne pas acheter leur premier produit jusqu'à ce qu'ils aient sauvé, trouvé, en partenariat avec d'autres s, ou autrement obtenu suffisamment de capital pour acheter un pour ixer-urper propery avec de l'argent. Vous m'entendrez souvent dire que l'achat de votre première maison est si crucial pour votre succès, et c'est le cas. L'achat de la première propriété aide à éliminer beaucoup d'obstacles émotionnels liés à la réalisation d'une nouvelle entreprise.

Cependant, la deuxième maison compte aussi ! Si vous pouvez BRRRR lors de votre premier achat, votre prochaine offre viendra beaucoup plus rapidement. Si vous BRRRR celui-là, le troisième viendra encore plus vite. Votre courbe d'apprentissage sera si radicalement orientée, si incroyablement meilleure, qu'il vaudra la peine de prendre plus de temps pour commencer dans l'ordre pour aller beaucoup plus vite une fois que vous avez commencé.

Comment apprendre à BRRRR fera de

vous un meilleur investisseur

Une fois que vous comprenez comment l'immobilier est valorisé, financé et amélioré, vous pouvez apprendre à tirer le meilleur parti de chacun des processus.

Cela fera de vous un meilleur investisseur dans l'ensemble, car dans le processus d'apprentissage de BRRRR, vous apprendrez à exceller chez chaque individu. l'étape qui fait de votre processus. En divisant le cycle d'investissement en cinq parties, nous faisons de chaque partie un travail à part entière. Si nous gagnons au moins cinq étapes du cycle d'investissement, nous gagnons gros avec notre investissement global.

Décomposer les gros problèmes en petits morceaux est la façon dont les experts abordent les obstacles. Les meilleurs entraîneurs sportifs cassent leur film de jeu pour regarder avec les joueurs. Les meilleurs propriétaires d'entreprise divisent leurs entreprises en parties plus petites et mettent une personne différente en charge de chaque département. La maîtrise de l'ensemble commence par la maîtrise des parties.

Parce que chaque propriété que vous achetez est sa propre petite entreprise, il est logique de décomposer le processus d'achat, de réhabilitation et de gestion d'un pro pertu en plus petits morceaux afin que nous puissions mieux maîtriser chacun d'eux. Les propriétaires de petites entreprises cherchent des moyens d'augmenter l'efficacité de leurs investissements à tous les niveaux. En tant qu'investisseurs, nous devrions aussi.

Une fois que vous avez fait cela avec succès, vous constaterez qu'il existe une dualité synergique à investir dans l'immobilier qui prend placer à chaque niveau. Apprendre à acheter de meilleures offres vous aidera à mieux trouver des zones avec des loyers plus forts. Apprendre à gérer vos cures de désintoxication plus efficacement vous aidera à développer des compétences qui vous aideront également à trouver de meilleurs prêteurs ou à obtenir de meilleurs résultats. ls sur vos refinancements.

Développer des compétences dans un domaine de l'immobilier en investissant conduira à améliorer vos compétences dans d'autres domaines également. Lorsque vous développez vos compétences en tant qu'homme d'affaires, c'est toute votre entreprise qui gagne. Il y a une grande richesse à faire dans l'immobilier, donc la récompense pour en savoir plus à ce sujet vaut la peine d'être poursuivie !

Permettez-moi de vous donner un exemple de la façon dont cela fonctionne dans la vraie vie : dites que vous vous consacrez à apprendre à trouver de meilleures offres. Vous étudiez les techniques de génération de leads, vous vous consacrez à un processus et vous travaillez sur ce processus pour obtenir un résultat réussi. À la suite de ce processus, vous constatez que vous achetez régulièrement des offres pour 50 % de leur ARV (après la valeur de réparation). Grande victoire!

Vous êtes évidemment ravi de ce nouveau niveau de succès que vous avez atteint. Vous réalisez rapidement que vous voulez comprendre exactement ce que vous avez fait pour y parvenir. Après tout, si vous pouvez comprendre ce que vous avez bien fait, vous pouvez le reproduire et l'amplifier, ce qui conduira à des succès encore plus grands. C'est exactement ce que font les bonnes affaires rentables.

Au fur et à mesure que vous inversez l'ingénierie de votre propre succès, vous réalisez que le secret est votre capacité à parler avec motivation r. La plupart de vos concurrents recherchent les mêmes vendeurs motivés que vous. Vous n'utilisez aucune technique différente des autres. Votre secret est que vous êtes le meilleur pour promouvoir votre valeur auprès de ces vendeurs. Vous avezxé de façon Vous expliquez comment vous n'aurez aucune éventualité à renoncer à l'accord, et vous achèterez la maison "telle quelle".

Maintenant, toutes les autres personnes qui poursuivent ces mêmes vendeurs motivés disent la même chose, mais vous expliquez pourquoi cela leur importe. Vous n'offrez peut-être pas le plus d'argent, mais vous leur fournissez une erreur pour passer à autre chose sans attendre voir si l'accord va se conclure. Vous leur évitez des frais d'agent immobilier, vous payez tous les frais de fermeture et vous leur permettez de déménager sans vous en soucier. L'accord sera conclu.

Parce que vous faites un si bon travail, plus de vendeurs acceptent de vous vendre. Vous vous construisez une excellente réputation en tant que personne qui ferme et tient toujours sa parole. Quand ils parlent de vous aux autres, ils ne disent que de bonnes choses. Vous êtes devenu si doué pour partager la valeur que vous apportez aux autres, ils veulent tous travailler avec vous.

Une fois que vous avez réalisé que c'est la clé de votre succès, vous cherchez des moyens de reproduire cela dans d'autres éléments du cycle d'investissement . Cela vous aide énormément dans la partie "acheter", alors pourquoi cela ne fonctionnerait-il pas également pendant la partie "réadaptation" ? Vous commencez à chercher des moyens d'intégrer cette nouvelle compétence dans d'autres domaines de votre entreprise, et vous avez une excellente idée.

Pourquoi ne pas utiliser cette grande compétence pour commencer à communiquer votre valeur aux entrepreneurs qui travaillent également sur votre réadaptation ? Si acheter le droit est la chose la plus importante que vous puissiez faire pour gagner de l'argent dans l'immobilier, la recherche du droit de réhabilitation est la chose la plus importante. Cela n'a de sens que d'utiliser vos compétences pour cela. Vous voulez appeler votre interlocuteur et essayer.

Le lendemain matin, vous appelez l'entrepreneur et lui expliquez qu'à partir de six mois, vous prévoyez d'acheter une nouvelle propriété tous les mois - et vous ' J'aimerais leur donner toutes les affaires. Vous leur rappelez que vous êtes à l'heure, à chaque fois, et vous avez tous les deux une excellente relation d'affaires. Vous comprenez que tous les entrepreneurs ne sont pas de grands hommes d'affaires, alors vous vous chargez de leur expliquer combien d'argent ils gagneront vous. Vous leur assurez également que vous leur enverrez chaque référence que vous avez.

Après cet entretien, vous expliquez que puisque vous offrirez tant de valeur en termes de volume et de références, et parce que vous êtes un cl idéal dans ce cas, vous allez vous attendre à une diminution de 15 % de la marge bénéficiaire que l'entrepreneur réalise de vous. Vous leur rappelez que même avec cette diminution, leur bénéfice global augmentera considérablement, tout comme leur capacité à grandir leurs affaires.

Vous voyez l'ampoule s'allumer dans leur tête. Ils réfléchissent déjà à la façon dont ils peuvent maintenant embaucher plus de personnes, acheter plus d'équipements et demander plus de marketing, tout cela parce que le bu puisque vous apportez leur permet de planifier plus de croissance. Vous allez jouer un rôle déterminant dans les prochains projets de l'organisation, et ils réalisent à quel point ils sont importants et précieux. vous l'êtes vraiment.

Avec une proposition comme celle-ci, bien sûr, ils acceptent de réduire le profit qu'ils retirent de vous. Et, si vous avez de la chance, ils devraient faire vos projets à vos frais si vous leur donnez suffisamment de références. Qu'est-ce qui vous incite à continuer à développer notre marque ! Vous vous êtes maintenant mis dans une position commerciale plus solide, vous avez amélioré votre capacité à expliquer votre valeur et vous vous êtes amélioré d votre ligne de fond.

C'est ainsi que cela fonctionne lorsque vous apprenez à maîtriser les compétences qui font un investisseur prospère. Au fur et à mesure que vous grandissez dans un domaine, il commence à s'étendre dans d'autres domaines, et votre succès se suffit à lui-même. Vous avez maintenant théoriquement deux fois plus de succès qu'avant, et vous ne faites que commencer ! Il y a tellement d'autres façons dont vous pouvez désormais utiliser votre "super pouvoir" qui ne peut qu'aider votre entreprise. A chaque nouveau succès, il devient encore plus facile d'obtenir le suivant.

Récupérer plus de votre carital vous permet de faire plus d'offres

Cela peut sembler de bon sens, mais j'aimerais avoir une perspective que vous n'avez peut-être pas déjà considérée quand il s'agit de acheter plus d'offres. Évidemment, plus de propriétés (tant qu'elles sont bonnes) conduiront à plus de richesse, mais il y a plus que cela. Acheter plus de biens ne fournit pas seulement plus de biens immobiliers, il fournit également plus de pratique. Et cette pratique est ce qui vous transformera en un investisseur de ceinture arrière.

Une ceinture noire est un rang que quelqu'un atteint dans les arts martiaux. C'est le rang le plus élevé possible et symbolise la maîtrise des techniques enseignées dans ce style artistique. Chaque artiste martial sérieux veut être une ceinture arrière dans sa dissidence. Alors, comment une ceinture noire atteint-elle ce niveau d'excellence ?

S'ils confirment. Beaucoup. Les ceintures noires s'entraînent pendant des années à maîtriser les techniques enseignées par leurs professeurs. Ils développent la mémoire musculaire, ils pratiquent la correction technique, à chaque fois, sans faute. Les ceintures Blask ne sont pas à la hauteur, elles ne se contentent pas de la médiocrité et elles s'élèvent pour atteindre ce niveau de réussite.

En tant qu'investisseurs, nous pouvons faire la même chose. Nous pouvons nous entraîner à analyser les propositions jusqu'à ce que nous puissions le faire les yeux fermés. Nous pouvons apprendre à exécuter une cure de désintoxication d'une manière qui se produit à tout moment. Nous pouvons examiner ce qui nous a permis de réussir, de reproduire et d'amplifier cela, encore et encore, jusqu'à ce que nous réussissions à tous les niveaux de réalité. domaine.

Apprendre le processus BRRRR vous donnera l'occasion de le faire. Cela vous donnera la possibilité de casser chaque partie du cycle d'investissement en une "technique" qui peut être maîtrisée, tout comme un martial. tout d'abord. Une fois que vous aurez maîtrisé ces techniques, vous serez une force avec laquelle il faut compter, capable de faire des dégâts majeurs dans l'espace de création de richesse. e !

Comment récupérer Mope Carital dans une affaire fera de vous un meilleur investisseur

Bien qu'apprendre à BRRRR fera beaucoup pour votre entreprise, la meilleure raison d'apprendre est parce que vous obtenez tellement de retour à la fin de l'affaire. Plus de capital à la fin de l'accord signifie plus de capital pour notre prochain accord. Faire plus de transactions signifie que vos compétences grandissent avec chacune. Cela n'améliorera pas seulement un domaine de votre entreprise, cela améliorera de nombreux domaines de votre entreprise. Pour n'en nommer que quelques-uns :

- Vos systèmes et processus.
- Votre capacité à communiquer et à trouver du personnel plus talentueux.
- La vitesse à laquelle vous analysez une affaire.
- Les "hacks" que vous reconnaissez ajouteront plus de valeur à un accord.
- Votre relation avec votre prêteur et vos antécédents.
- Votre capacité à expliquer aux autres ce que vous faites, pourquoi cela fonctionne et pourquoi ils devraient également être impliqués.
- Votre capacité à reconnaître les modèles de réussite (d'où viennent les bonnes affaires, qui vous donne le meilleur conseil, etc.).
- Votre capacité à estimer les coûts de réadaptation.
- Votre capacité à collecter des fonds à l'avenir.
- Votre capacité à trouver des "sources principales" d'où d'autres offres sont susceptibles de provenir.
- Vous voyez, ce n'est pas seulement qu'obtenir plus d'argent d'un accord vous permet d'acheter plus d'offres (bien que ce soit formidable); c'est aussi

que plus vous achetez d'offres, plus vous obtenez de réponses et plus vous devenez un investisseur. La répétition est la pierre angulaire de la maîtrise.

8 AVANTAGES DE POSSÉDER UNE PROPRIÉTÉ LOCATIVE

Le marché immobilier est apparemment rempli de lait et de miel, surtout pour ceux qui savent analyser les offres immobilières. Si vous avez un aigle, vous allez encaisser gros, et posséder une propriété de location n'est qu'une des nombreuses façons d'y parvenir. Bien que cela ne soit pas une promenade dans le parc, un propriétaire de location typique sait que cela crée le meilleur des résultats.

Devenir propriétaire de nos jours peut arriver avec le piège du doigt avec la montée d'Internet car il y a toujours des informations utiles pour vous guider. De la recherche de la bonne propriété à l'analyse de sa valeur actuelle, en passant par le dépistage des locataires, tout peut être fait d'une manière simple et efficace. plus.

Oui, l'investissement immobilier est très intensif, mais il peut aussi être gratifiant. Voici huit avantages convaincants de posséder un bien locatif.

1. Effet de levier élevé

L'un des avantages de posséder un bien locatif est qu'il vous donne un effet de levier élevé. Il reste l'un des investissements qui vous permet d'obtenir facilement un prêt. Imaginez ce scénario : vous vous adressez à la banque pour obtenir une marge de crédit d'un montant de 600 000 $ qui est garantie contre seulement 100 000 $ de votre en espèces. Le prêt doit être investi dans des actions, des fonds communs de placement, etc. Vous serez probablement un plaisantin. Mais entrez dans cette même banque et dites-leur que vous devez acheter une cour de maisons, disons 8, à 80 000 $, la réponse est rapide et en vous notre faveur; vous êtes immédiatement amené à leur division hypothécaire pour finaliser l'accord. C'est le genre d'effet de levier que vous obtenez lorsque vous investissez dans des biens immobiliers.

2. RSI élevé

La vérité est que lorsque vous empruntez de l'argent pour un investissement approprié, vous êtes en réalité en train de mettre une petite partie de votre argent pour investir dans cela. bien. Vous obtiendrez un meilleur retour sur votre investissement à long terme. Et comme les forces du marché continuent de faire grimper les loyers, les propriétaires de biens locatifs continueront de sourire à la banque.

Encore une fois, le loyer couvrira toujours les deux dépenses marginales et remboursera également les intérêts sur vos prêts. Dans une telle situation, vos bénéfices iront au-delà de plusieurs valeurs d'investissements - cela dépassera les intérêts dus, et c'est une augmentation du retour sur investissement. Avec un effet de levier élevé, comme indiqué précédemment, votre flux de trésorerie mensuel augmentera, ce qui se traduira par un retour sur investissement élevé.

3. L'inflation à Bau

Le marché immobilier vous offre le meilleur amortissement par rapport à tout autre marché d'investissement. À mesure que le prix augmente, la valeur de la propriété ira dans le même sens. Lorsque vous achetez à un faible taux d'intérêt, vous gardez l'inflation à distance, cela fait partie des avantages d'investir dans l'immobilier. Vous ne voudriez pas risquer votre entreprise avec de l'inflation en frappant à votre porte - aucune bonne entreprise ne veut cela.

4. Prendre sa retraite sur le revenu de location

Personne ne dit qu'il est tout rose de posséder une propriété locative, mais la possibilité de prendre sa retraite avec des revenus locatifs donne une bonne idée du marché; c'est aussi une bonne source de revenu passif. Vous pouvez posséder une entreprise de location pendant des années, générer une valeur nette élevée et utiliser le flux de trésorerie pour constituer un fonds de retraite. Je n'ai même pas annulé votre hypothèque avec la location à l'intérieur de moi.

5. Diversifiez vos actifs

Le pouvoir de diversifier joue un rôle crucial dans l'investissement. Pour réduire les risques, vous devrez investir dans de nombreux marchés. L'un de ces marchés qui garantissent le retour est le marché immobilier, et les avantages sont dans les chiffres. L'arrestation immobilière s'intensifie au fil du temps avec les forces du marché en jeu.

6. Haute résolution

Posséder une propriété locative vous permet de détenir la propriété pour une haute résolution. Un investisseur immobilier devrait explorer une stratégie d'achat et de conservation pour être du bon côté. Effectuer des recherches basées sur l'emplacement vous met en bonne position pour saisir les meilleures unités d'erreur qui s'y trouvent. Vous pouvez suivre les tendances avant de prendre une décision éclairée. La valeur peut baisser ou augmenter, mais à long terme, c'est une entreprise plus sûre et à faible risque, et ceux qui sont prêts à prendre le taureau par la corne me feront toujours un dans l'immobilier.

7. Avantages fiscaux

Investir dans l'immobilier vous donne une excellente occasion d'accéder à un éventail de déductions fiscales pour les biens locatifs. Certains d'entre eux sont:

- Intérêts : en tant que propriétaire, vous pouvez déduire les intérêts des paiements d'intérêts hypothécaires existants utilisés pour l'achat de l'inv estement.
- Réparations : vous pouvez déduire le coût des réparations au cours de l'année où elles ont été effectuées. Si vous réparez la porte ou repeignez le bâtiment, les coûts peuvent être déduits.
- Déraison : lorsque le bien locatif fournit un revenu, vous pouvez obtenir un avantage fiscal pour la possession d'un bien locatif, qui est votre moyen de dérapage. À cette fin, les propriétaires peuvent déduire le coût de la propriété dans les années à venir.
- Assurance : Un autre avantage qui est pratique est les déductions des primes d'assurance, quel que soit le rôle d'assurance qui est sonestestet à votre poropertu de location. Cela peut comprendre une assurance inondation/incendie/vol ou une assurance propriétaire.

8. Vendre n'importe quand

Le marché immobilier vous offre la possibilité de vendre quand vous le souhaitez et de la manière que vous choisissez. Cependant, les experts vous conseillent de conserver votre investissement à long terme, même s'il n'y a pas de règle absolue. sur ce marché. La décision de vendre vous appartient entièrement. Il existe plusieurs stratégies de sortie disponibles pour augmenter les bénéfices. En raison de l'appréciation, vous êtes susceptible de vendre votre propriété à un prix plus élevé que celui auquel vous l'avez achetée, c'est pourquoi vous possédez un r ental poropertu est l'une des meilleures décisions à prendre maintenant.

Les avantages et les inconvénients d'investir dans des propriétés locatives

Comme tout investissement, il est important que vous compreniez les avantages et les limites de la possession d'un bien locatif. Lorsque vous reconnaissez les avantages et les inconvénients d'un investissement immobilier locatif, vous pouvez calculer si cet investissement convient ou non à votre situation personnelle. circonstances et objectifs financiers à long terme.

Location Insome

L'avantage le plus immédiat d'investir dans un bien locatif est le revenu que vous tirez des locataires. Idéalement, vos revenus locatifs devraient compenser les dépenses hypothécaires et/ou de gestion engagées par le bien locatif. Si un bien locatif maintient un rendement locatif positif, vous pouvez utiliser le flux de trésorerie annuel accru pour rénover le bien, acheter un autre bien ertty, ou diversifiez votre portefeuille d'investissement.

Croissance de la valeur des propriétés

Posséder une propriété locative signifie que vous bénéficiez de tout gain dans la valeur sous-jacente de la propriété. La croissance de la valeur appropriée est en grande partie déterminée par des variables externes, telles que la croissance de la population, la performance économique à l'échelle nationale et le voisinage. rhood develorent.

Bien que des augmentations de valeur significatives ne soient pas certaines, vous pouvez augmenter vos chances de bénéficier de la croissance de la valeur de la propriété en recherchant les données historiques et le développement projeté.

Avantages fiscaux

Il existe un nombre important de décisions sur les taxes que vous pouvez demander pour la gestion et l'entretien d'un bien locatif. Sur une propriété de location hypothécaire, vous pouvez réclamer des intérêts de prêt annuels et tous les frais d'origine en tant que dépenses déductibles d'impôt.

Tant que vous pouvez justifier une relation avec la gestion de votre bien locatif, les dépenses suivantes incluent également des déductions fiscales composants :

- Travaux d'entretien et de réparation.
- Prorert sondition dérésiation.
- Frais juridiques et de gestion.
- Dépenses de voyage.

Les tirages au sort

Concentration d'actifs

L'achat d'un bien locatif, que ce soit par vous-même ou via une hypothèque, est une concentration importante d'actifs pour l'investisseur moyen. En tant qu'atout non caché et non diversifié, car la propriété locative est exposée au risque de déclin rapide dans les deux régions locales pas la demande et les valeurs de propriété locales.

Variabilité des locataires

Les locataires à long terme qui paient de manière fiable leur loyer à temps sont très appréciés par les propriétaires de biens locatifs. Malheureusement, un pourcentage non négligeable de locataires sera soit en retard sur les paiements de location, soit ne prendra même pas la peine de payer son loyer du tout. Si cela vous arrive, cela peut signifier des semaines ou même des mois de perte de revenus de location pendant que vous suivez le processus d'expulsion du locataire.

Gestion active

Il n'y a pas moyen de contourner le rôle actif d'investir dans une propriété locative. Choisir des locataires fiables, maintenir une bonne condition, ordonner des réparations et mener des enquêtes sur la maison sont juste quelques-uns. e des responsabilités d'un propriétaire locatif. Cependant, si vous n'avez aucun intérêt dans la gestion active, vous pouvez déléguer ces tâches à une gestion externe.

CHAPITRE DEUX

Comment commencer à investir dans des biens locatifs

Ce que vous devez savoir avant d'investir dans des biens locatifs

Bien que posséder des locations s'accompagne d'une liberté financière importante et d'autres avantages, vous ne pouvez pas y aller les yeux fermés. Voici quelques bases pour savoir comment acheter un bien locatif.

Pouvez-vous gérer un projet?

Avant d'acheter votre premier bien locatif, demandez-vous si vous pouvez gérer correctement une telle affaire. Être propriétaire n'est pas facile étant donné que vous devrez probablement faire face à des locataires têtus. La bonne gestion de la location peut être fastidieuse et prendre du temps, surtout si vous avez un autre travail. Heureusement, vous n'avez pas à vous inquiéter car vous pouvez toujours embaucher une bonne société de gestion pour faire le travail. Néanmoins, assurez-vous de comprendre comment les choses fonctionnent avant de mettre de l'argent dans l'investissement.

Connaître votre position

Combien vous allez gagner de votre bien de location dépend de l'endroit où il se trouve. Il y a des endroits où les locations sont claires et des endroits où les locataires paient plus. Vous ne voulez pas investir dans un domaine qui perd de la valeur. Une bonne règle de base est de risquer un local ur-and-soming qui connaît une croissance de la population.

Lorsque vous examinez des emplacements, assurez-vous de rechercher les tendances du marché. Une simple recherche sur Google telle que "tendances des prix de location à Fort Worth, Texas" vous permettra de voir quels prix de location ont tendance à paraître ek dans la région. Comparez les différents emplacements pour voir où les prix sont les plus avantageux.

Vous pouvez également rechercher les meilleurs quartiers pour y vivre et y investir. C'est aussi une bonne idée de chercher des endroits avec de faibles taxes foncières, beaucoup d'équipements et plusieurs écoles décentes. Assurez-vous également que votre propriété est située dans des zones proches de l'accès aux transports en commun, d'un bon marché du travail et de quartiers à faible taux de criminalité. ates.

Pas de fixateurs

Beaucoup d'investisseurs pour la première fois en location font l'erreur commune d'acheter un réparateur. En tant que bon investisseur pour la première fois, essayez de rester à l'écart des propriétés qui ont besoin de beaucoup de TLC. Vous pourriez obtenir une bonne affaire, mais vous finirez par dépenser beaucoup d'argent pour les réparations.

Si vous êtes au courant des bonnes réparations ou si cela ne vous dérange pas de passer plus de temps et d'argent, allez-y et achetez le réparateur ur. Gardez à l'esprit que l'achat d'une propriété en bon état est une bien meilleure décision que celle qui a encore besoin d'être réparée. Facilitez le processus pour vous-même et optez pour la solution qui nécessite le moins de réparations possible.

Obtenez votre financement

Si vous n'achetez pas votre bien de location sur une offre

au comptant, vous devrez tenir compte de vos besoins de financement. Vous pouvez obtenir le financement de votre investissement auprès d'une banque ou d'un prêteur local. Vérifiez auprès de vos prêteurs potentiels pour comprendre ce pour quoi vous vous qualifiez et les programmes qu'ils ont.

Si vous obtenez un prêt pour investir dans des propriétés, vous devrez passer par des exigences d'approbation strictes. Ce pourcentage que vous mettez pour votre maison d'habitation traditionnelle ne fonctionnera pas pour votre propriété locative. Généralement, vous aurez besoin d'au moins 20% d'acompte car il n'y a pas d'assurance hypothécaire pour les locations. Assurez-vous que votre banque sera toujours en mesure d'obtenir votre financement pour l'acompte.

Attention aux taux d'intérêt élevés

Ce n'est pas parce qu'il y a un prêteur prêt à vous donner l'aide financière dont vous avez besoin. Certains prêteurs facturent un taux d'intérêt scandaleux, ce qui rend difficile pour vous de rompre même avec votre location.

Le taux d'intérêt d'un placement est plus élevé que celui d'un prêt hypothécaire traditionnel. Cela étant dit, il est important de trouver des taux d'intérêt raisonnables qui ne mangeront pas le profit que vous obtiendriez de votre pro rertu. N'oubliez pas les autres dépenses liées à l'achat d'une maison, telles que les frais de clôture, les frais immobiliers, les frais hypothécaires, etc.

Obtenir une assurance foncière

Comme toute entreprise, être propriétaire comporte également certains risques. Pour protéger votre bien locatif contre de tels risques, vous devrez souscrire une assurance propriétaire. Ce type d'assurance est différent de l'assurance habitation. Il couvre les dommages appropriés, la protection contre la responsabilité et la perte de revenus locatifs. Si un locataire se blesse pendant l'entretien, l'assurance vous protégera et vous évitera les pertes.

Gérer efficacement

La partie la plus difficile de l'achat de la propriété est de la gérer en tant que propriétaire. Une bonne gestion peut faire ou défaire le succès de votre location. Si vous ne gérez pas bien votre propriété, vous pourriez finir par devoir la vendre tôt ou, pire encore, la perdre et faire faillite.

Pour faciliter les choses, les investisseurs peuvent décider de faire appel aux services d'un gestionnaire professionnel et leur faire payer 10 % du revenu locatif. Même ainsi, cela ne signifie pas que vous ne pouvez pas gérer votre entreprise car cela reste une responsabilité de l'investisseur. Vous devez toujours vous assurer que votre investissement se déroule sans heurts et rapporte des bénéfices.

Comment apprendre à BRRRR augmentera votre richesse

Jetons un coup d'œil à deux histoires différentes d'investisseurs qui ont choisi des voies différentes. Dans cette histoire, les deux investisseurs ont fait de l'investissement dans l'immobilier une priorité absolue. Les deux investisseurs ont pu lever le même montant d'argent, et les deux investisseurs ont acheté des propriétés qui ont fait exactement la même chose. manière. La seule différence réside dans la façon dont ils ont construit leur portefeuille. L'un a utilisé la méthode traditionnelle, l'autre a utilisé la méthode BRRRR.

Investisseur A : Tom traditionnel

Tom traditionnel était responsable de l'assurance qualité

dans une usine de l'Idaho. Tom avait travaillé dans cette usine pendant de nombreuses années, tout comme son père et son grand-père avant lui. Tom qui a eu la façon dont les moyens pour les autres en allant, en passant par le fait, pour faire, ce qui est en train de faire le jour, et " Tom a trouvé du réconfort en suivant les traces de ceux qui l'ont précédé et a toujours préféré le bain battu.

Mais ensuite, Tom a réalisé l'impact que l'investissement immobilier pourrait avoir sur l'avenir de sa famille. Il a décidé de se lancer et de commencer à acheter des propriétés de location à acheter et à conserver. Le plan de Tom était simple: il travaillerait quatre jours supplémentaires chaque mois, ainsi qu'un double quart de travail pendant la semaine.

Tom a fait le calcul et s'est rendu compte qu'à son taux horaire supplémentaire de 50 $ de l'heure, il pouvait économiser 2 000 $ par mois en heures supplémentaires (40 heures par mois x 50 $ par heure). notre). Tom a également pu économiser 1 500 $ supplémentaires sur son salaire de base, ce qui lui a permis d'économiser au total 3 500 $ par mois. Cela représenterait 42 000 $ par an.

Tom a étudié l'investissement immobilier. Il a appris à analyser les propriétés, à établir des liens avec ceux qui pourraient lui trouver des offres et à obtenir un financement pour les acheter. Tom a appris à gérer les cures de désintoxication. Il trouverait généralement des produits qui avaient besoin de tapis, de peinture et parfois d'accessoires, et il était doué pour trouver le matériau pour cela. e réhabs en vente.

Tom a également trouvé un bon gestionnaire pour gérer ses actifs afin qu'il puisse passer plus de temps à travailler à son travail. Le plan de Tom était simple : il ferait des heures supplémentaires, gagnerait plus d'argent et achèterait plus de maisons. Il achèterait ces maisons en versant un acompte de 25 %, puis paierait pour que les cures de désintoxication les préparent. Tom s'est rendu compte qu'il préférait utiliser sa sartale pour acheter plus de biens que pour réparer les biens qu'il avait déjà achetés. Pour cette raison, il a résolument cherché à penser que seul onlu avait besoin d'une cure de désintoxication "légère".

Tom s'est concentré sur la construction de son flux de trésorerie. Il a vu tous les informateurs de fin de soirée pleins de yachts, de femmes en bikini, et Ferrar est que tout a promis qu'il aurait aussi ce style de vie s'il construisait votre flux de trésorerie suffisant. Maintenant, Tom savait qu'il ne voulait pas faire la fête, mais il semblait sûr d'être en mesure de faire son travail et d'aller naviguer sur un bateau tout le temps. Parce que Tom recherchait uniquement des flux de trésorerie, il recherchait des produits avec un fort retour sur investissement, immédiatement après l'achat. Tom s'est concentré sur la recherche de maisons unifamiliales à loyer élevé. Tom est devenu bon dans cette stratégie et l'a perfectionnée après de nombreuses années de travail acharné.

L'offre touristique de Tom ressemblerait à quelque chose comme ça :

- Prix d'achat = 100 000 $
- Coût de réhabilitation = 10 000 $
- Solde de clôture = 5 000 $
- VDA = 115 000 $
- Loyer = 1 100 $
- Acompte = 25 000 $
- Investissement total (acompte, remise en état et frais de stockage) = 40 000 $

- Eduty cit (tout compris de 115 000 $ sous-traité de l'ARV de 115 000 $)
- Hypothèque (75 000 $ à 5 % sur 30 ans) = 403 $
- Taxe (1,25 % du principal, 100 000 $) = 104 $
- Assurance = 40 $
- Gestion immobilière (8 % du loyer de 1 100 $) = 88 $
- Dépenses totales = 635 $
- Coût mensuel total (hors maintenance, capex, etc. pour plus de simplicité) = 465 $
- ROI (465 $ x 12 = 5 580 $ / 40 000 $) = 13,95 %

Comme vous pouvez le voir, Tom obtenait un retour solide sur son jeu, près de 14 % du temps ! Tom a vu son loyer augmenter d'environ 3 % chaque année. Cela a conduit à voir son flux de trésorerie augmenter, ainsi que son retour sur investissement. Tom a gonflé de fierté en partageant son histoire dans des réunions d'investissement immobilier. Il surpassait même ses propres projets.

Comme mentionné précédemment, Tom a pu économiser 42 000 $ par an grâce à un travail acharné et à une vie en dessous de ses moyens. Cela signifiait que Tom pouvait acheter un investissement chaque année. Au terme de 16 années de travail acharné (dont l'une consistait à épargner pour le premier acompte), d'affaires et de gratification différée, Tom possédait 15 maisons unifamiliales.

Après 15 ans de croissance constante des loyers de 3 %, les maisons de Tom affichaient un loyer moyen de 1 665 $ par mois. Cela signifiait que son flux de trésorerie moyen avait augmenté. C'était maintenant (1 665 $ - 680 $ =) 985 $ par mois ! Les dépenses de Tom ont légèrement augmenté parce que ses frais de gestion ont augmenté avec son loyer.

Avec une moyenne de 985 $ par mois, les 15 maisons de

Tom rapportaient 14 775 $ par mois, avant de prendre en charge l'entretien, les vacances et autres dépenses. Tom était très fier de lui et de ce que son travail acharné avait accompli. Quinze ans de sacrifice avaient produit près de 15 000 $ en flux de trésorerie mensuel brut.

Investisseur B : Maîtriser Mike

Mastery Mike était un entrepreneur qui a créé une entreprise en achetant des dettes en difficulté. Mike trouverait des entreprises qui accordaient des prêts aux emprunteurs. Certains de ces emprunteurs feraient défaut sur leur dette, et Mike achèterait le droit de recouvrer cette dette. Après avoir contacté ceux qui avaient fait défaut, Mike s'arrangeait pour que l'actif soit collecté ou qu'un nouveau plan de paiement soit élaboré.

En raison de ce qui valait la peine de Frooking Worth Fothering AND Health ET HED NO RREEVIOUS LOVIOUSHED WAY TROP FOTHLLOWW, IL A TROUVÉ HIVELF ENDEN Lookyng After Lookyng Fother Never, Imrrrova, AND FFETTTT WAP DO d syng. Mike a appris à parler aux autres, à résoudre les problèmes de manière créative et à évaluer les atouts. Il est devenu doué pour trouver des modèles qui conduiraient à des résultats réussis pour lui-même. Il a également noué des relations avec ceux qui seraient susceptibles de lui envoyer des ordonnances pour racheter des dettes en difficulté.

Comme Tom, Mike a réalisé l'impact que l'immobilier pourrait avoir sur l'avenir de sa famille et a décidé que cela valait la peine d'être poursuivi. Tout comme Tom, Mike s'est rendu compte qu'il devrait changer ses habitudes de dépenses. Mike s'est engagé envers lui-même, sa famille et ses amis à commencer à travailler et à vivre en dessous de ses moyens. Comme Tom, Mike a pu économiser 3 500 $ par mois grâce à son entreprise. Cela signifiait que Mike pouvait économiser 42 000 $ par an, soit le même montant que Tom.

Contrairement à Tom, Mike a fait quelques recherches avant de se lancer et de commencer à acheter des propriétés. Mike a économisé pendant une année entière et a pu mettre 42 000 $ dans son compte d'épargne. Avant de devenir trop excité et de faire sa première erreur, Mike a demandé l'avis d'un investisseur plus expérimenté, William.

Quand ils se sont rencontrés, Will a demandé à Mike ce qui lui avait permis de réussir avec son entreprise de dette en difficulté. Mike y a longuement réfléchi. C'était une question intéressante à laquelle il n'avait jamais réfléchi. Après mûre réflexion, Mike a dit à Will que le secret de son succès était sa capacité à acheter des dettes à des prix bien inférieurs à ce qu'il pouvait récupérer de l'emprunteur. . Mike a réalisé toutes les astuces qu'il avait utilisées pour amener les emprunteurs défaillants à recommencer à payer, ou à restituer les actifs et à les vendre, c'est ce qui a fait de lui un homme d'affaires efficace. De plus, Mike s'est rendu compte que savoir trouver la dette en difficulté en premier lieu était un facteur majeur de son succès.

Après avoir parlé avec William, Mike s'est rendu compte qu'il avait construit un ensemble de compétences très utile qui serait gaspillé dans l'immobilier. Mike connaissait le rameur de l'immobilier pour se constituer un patrimoine à long terme, mais il souhaitait également acquérir des compétences précieuses avec le rameur de l'immobilier. Parce que Mike avait déjà fait face à des défis comme celui-ci lorsque, pour la première fois, il était à l'aise de regarder les choses d'un point de vue nous sommes réticents et prenons un peu moins de temps.

Après mûre réflexion, Mike a décidé qu'il achèterait un bien immobilier d'une manière plus proche de la dette que celle qu'il avait envisagée. Lorsque Mike achetait une dette à un prêteur, il encaissait le droit de recouvrer la dette. Cette dette était souvent garantie par des actifs d'une valeur supérieure au montant que Mike avait payé pour avoir le droit de la recouvrer.

La valeur de cet atout était dans son potentiel. Les compétences de Mike en matière de vente et de transparence sont ce qui lui a permis de prendre ce potentiel et d'en faire quelque chose de réel et de probant c'est possible. Après avoir étudié, appris et cherché, Mike s'est rendu compte qu'il y avait une façon d'utiliser des méthodes similaires à celles qu'il avait développées dans son c'est par là.

J'ai décidé qu'il chercherait des maisons en détresse, tout comme il recherchait des personnes en détresse dans ses affaires. Il a fait quelques recherches et a découvert qu'il y avait plusieurs façons d'acheter des propriétés comme celle-ci. Licences fiscales, mesures correctives, fermetures, propriétaires hors de l'État, ventes fiduciaires, prêteurs d'argent fort qui ont dû se concentrer sur leurs emprunteurs, battus vos maisons sur le MLS - il y avait des tas de façons de trouver un bien immobilier qui n'était pas performant pour son propriétaire, et valait donc beaucoup moins pour le propriétaire. C'était de la même manière que Mike était utilisé pour trouver une dette en difficulté!

Une fois qu'il a décidé où il obtiendrait les offres, Mike s'est rendu compte qu'il devait trouver des moyens de faire en sorte que les actifs fonctionnent à nouveau. L'achat de dette en difficulté n'était bon que si vous pouviez améliorer sa valeur en améliorant son état. Mike a commencé à étudier cela aussi. Il a appris qu'il y avait des réponses là-bas qui pourraient fonctionner sur les propriétés qu'il a achetées et les obtenir dans une meilleure part, améliorant leur valeur et leur orniérage droit dans les nouvelles affaires de Mike.

Pour les maisons unifamiliales en mauvais état physique, Mike aurait besoin d'un entrepreneur. Pour les maisons multifamiliales avec de mauvais locataires ou des loyers bas, Mike aurait besoin d'un bon gestionnaire avec un plan pour améliorer le NOI (revenu net d'exploitation). Pour les propriétés avec des plans d'étage anciens et indésirables, Mike aurait besoin de trouver quelqu'un pour l'aider à déplacer les murs et à créer un nouvel espace. Pour les propriétés qui manquent de chambres ou de salles de bains, Mike aurait besoin de trouver des personnes pour l'aider à obtenir des permis et ajouter l'espace qui lui convient Il faudrait les ramener à leur valeur nominale.

Rien de tout cela n'a effrayé Mike, car il savait qu'il l'avait déjà fait, et de nombreux autres investisseurs faisaient la même chose. Mike savait qu'il avait quelque chose à faire et a décidé d'écrire son plan d'affaires. Tout comme l'achat d'une dette en difficulté, Mike savait qu'il ne serait pas en mesure d'obtenir un financement pour acheter ces actifs qui étaient dans la pire part. Toute la raison pour laquelle il les obtenait pour des sous sur le dollar, c'est parce qu'ils ne valaient rien pour un prêteur !

Mike a examiné sa situation financière et a pris une décision. Il savait que cela pourrait le faire commencer plus lentement, mais il a décidé qu'il économiserait suffisamment d'argent pour pouvoir acheter des produits en difficulté pour de l'argent. Une fois acheté, il utiliserait son argent pour obtenir le projet en meilleur état, améliorant ainsi sa valeur. Une fois que le programme a été amélioré, Mike le finance, récupère autant que possible son état initial et répète le processus. Mike savait que ce modèle fonctionnerait, parce que c'était déjà quelque chose qu'il faisait dans ses affaires de dette en difficulté.

Une fois qu'il avait son plan en place, Mike s'est occupé d'économiser de l'argent. Il a également dit à ses amis et à sa famille quel était son plan afin qu'ils puissent le tenir responsable. À la fin de l'année, Mike avait économisé 42 000 $, tout comme il était payé. Ce n'était pas suffisant pour acheter quoi que ce soit, et Mike a été ridiculisé par ceux avec qui il avait partagé son plan. Manu reorle lui a dit qu'il avait été là, et qu'il n'avait rien fait, et il lui a demandé de parler d'une grande conversation.

Mais Mike y a mis fin. À la fin de la deuxième année, il avait maintenant économisé 84 000 $, ce qui est un exploit ! Mike a été encore plus ridicule car cela faisait maintenant deux années entières et toujours rien. À la fin de la deuxième année, Wise William a appelé Mike pour lui demander comment les choses s'étaient passées. Mike a dit à William qu'il avait économisé 84 000 $ et qu'il était impatient de commencer. William a dit à Mike de commencer à faire savoir aux agents, aux grossistes et aux chiens d'oiseaux qu'il recherchait un accord entre 50 000 et 60 000 $. Mike a fait exactement cela.

Environ deux mois après trois ans, Mike a trouvé son premier contrat. Un agent l'a appelé pour lui dire que l'un de ses investisseurs avait lancé un projet et qu'il n'avait plus d'argent, et que l'investisseur devait vendre. ck. L'investisseur s'endettait auprès de son prêteur et la propriété risquait d'être bloquée. Mike a demandé les numéros à l'agent, et l'agent leur a fourni :

- Prix d'achat = 52 000 $
- Coût de réadaptation = 32 000 $
- Coûts totaux pour Mike = 84 000 $
- Frais de clôture = vendeur payé
- VDA = 110 000 $
- Loyer = 1 000 $

Notez qu'il s'agit d'un loyer inférieur de 10 % à celui que Tom recevait (100 $) et que l'ARV était également de 5 000 $ de moins. Mike a acheté la propriété, a effectué la réhabilitation et a loué la propriété à un locataire. Mike a trouvé un prêteur occasionnel qui lui permettrait de se refinancer après avoir été propriétaire de la propriété pendant quatre mois. Quatre mois après l'achat, il a refinancé la propriété auprès d'une banque qui lui a permis d'emprunter 75 % de la valeur estimée (l'ARV).

- Montant financé = 82 500 $
- Frais de clôture = 5 000 $
- Capital net récupéré = 77 500 $
- Acompte/mois restant dans la transaction = 6 500 $
- Intérêt hypothécaire (82 500 $ à 5 % sur 30 ans) = 443 $
- Impôt (1,25 % du revenu brut, 52 000 $) = 54 $
- Assurance = 40 $
- Gestion immobilière (8 % du loyer de 1 000 $) = 80 $
- Dépenses totales = 617 $
- Bénéfice mensuel total (hors maintenance, sarex, etc. pour plus de simplicité) = 383 $
- ROI (383 $ x 12 = 4 596 $ / 6 500 $) = 70,7 %

Tout comme Tom, Mike a poursuivi ce plan pour les 15 prochaines années. Contrairement à Tom, le plan de Mike a produit un effet de contraste qui a changé tout le paysage de son investissement immobilier.

Parce que Mike utilisait la méthode BRRRR, son portefeuille a augmenté à un rythme assez différent de celui de Tom. Le portefeuille de Tom a grandi de manière linéaire. Chaque année, Tom achetait une maison. Il a économisé le même montant de capital, il a construit la même maison et il a fait le même flux. Le portefeuille de Tom s'est développé de manière linéaire et prévisible.

Le portefeuille de Mike a pris une tournure différente, car Mike a pu utiliser son sari beaucoup plus efficace. Après avoir refinancé sa première maison, Mike en a immédiatement acheté une autre et a répété le processus. Après avoir rénové cela, Mike a acheté une troisième maison. Parce qu'il pouvait refinancer tous les quatre mois, Mike a pu acheter trois maisons par an avec le même sarital qu'il avait sauvé la première année. Ce qui suit est une illustration de la croissance du portefeuille de Mike. En fait, nous laisserons de côté la croissance des loyers jusqu'à la toute fin, comme nous l'avons fait avec Tom :

- Année 1—Rien
- Année 2—Trois maisons.

Rappelez-vous, alors que Mike achetait trois maisons au cours de la deuxième année, il travaillait toujours et économisait de l'argent. Cela lui a permis d'avoir plus de capital à investir dans l'immobilier chaque année que l'année précédente. Comme Mike a pu économiser 42 000 $ par an, il achèterait des maisons supplémentaires deux ans plus tard qu'auparavant (y compris des maisons à un prix moyen de 84 000 $).

- Année 3—Trois maisons

- Année 4—Quatre maisons
- Année 5—Quatre maisons
- Année 6—Cinq maisons
- Année 7—Cinq maisons
- Année 8—Six maisons
- Année 9—Six maisons
- Année 10—Sept maisons
- Année 11—Sept maisons
- Année 12—Huit maisons
- Année 13—Huit maisons
- Année 14—Neuf maisons
- Année 15 - Neuf maisons

Total—84 maisons

Associer la méthode BRRRR à la recherche d'un domaine dans lequel investir qui a le bon prix, l'inventaire et les loyers qui vous conviennent, wo Cela vous permettra également de relire les numéros de Mike. De plus, j'ai donné 16 ans à Tom alors que je n'en ai donné que 15 à Mike. avantage d'aider à plonger M. vous pointez chez vous.

Creusons un peu dans le programme de Mike après 15 heures de travail acharné et de magie BRRRR. En supposant que le loyer de Mike ait augmenté au même rythme que celui de Tom (3 % par an), le loyer moyen de Mike serait passé de m 1 000 $ à 1 480 $.

1 000 $ x 0,03 = 30 $

30 $ x 16 (années) = 480 $

1 000 $ + 480 $ = 1 480 $

Cela signifie que les flux de trésorerie de Mike seraient passés de 383 $ par mois à 854 $.

Avec 84 unités rapportant 854 $ en flux de trésorerie bruts,

Mike aurait un flux de trésorerie brut de 71 736 $ par mois. Cela n'inclut pas tous les flux de trésorerie qu'il a réalisés au cours des 15 années où il a construit le portefeuille. (Si nous avions inclus ce flux, Mike se serait retrouvé avec encore plus de 84 maisons à la fin car il aurait eu plus d'argent pour les acheter.)

En supposant qu'aucune des propriétés de Mike n'est arriérée au cours de cette période de 15 ans, Mike aurait accumulé en moyenne 21 000 $ sur une propriété (84 000 $ tout compris, 5 000 $ en taxes). envoyer.

84 retours x 21 000 $ = 1 764 000 $.

Comme vous pouvez le constater, ce sont des chiffres conservateurs (pour Tom et Mike). Le marché immobilier connaît des hauts et des bas, mais sa tendance est toujours à la hausse en raison des pressions inflationnistes. Tom et Mike auraient également plus que probablement reçu des augmentations pendant ces périodes, et auraient probablement trouvé des moyens d'obtenir de mieux en mieux les offres plus ils ont investi. Nous nous améliorons toujours grâce à la répétition.

Il va de soi que Mike aurait fait beaucoup, beaucoup mieux qu'il ne l'a fait dans cette histoire hypothétique, mais même avec une attitude conservatrice suppositions, il a très bien fait. Partageons les derniers chiffres de Tom avec Mike.

Les derniers chiffres de Tom :

- Nombre de propriétés - 15
- Flux de trésorerie—14 775 $
- Total des dépenses en erreur - 0 $

Les derniers chiffres de Mike :

- Nombre d'erreurs—84

- Flux brut — 71 736 $
- Total des dépenses en erreur - 1 764 000 $

Une analyse des résultats

Décomposons certaines des différences entre les deux stratégies et soulignons ce que Mike a utilisé pour obtenir un meilleur résultat que celui de Tom.

Le retour sur investissement de Mike était nettement meilleur que celui de Tom

Le retour sur investissement moyen de Tom était d'environ 14 cents. Mike était d'environ 71 %. Cette différence a conduit à un flux de trésorerie brut beaucoup plus important pour Mike. Tom s'est concentré sur la création de plus de liquidités, tandis que Mike s'est concentré sur le fait de faire travailler son argent plus fort pour lui. Cela a conduit à un résultat final très différent pour les deux investisseurs.

Mike a pu obtenir un tel retour sur investissement en raison de la façon dont il a structuré ses offres. En finançant ses propriétés après les avoir améliorées, Mike a laissé beaucoup moins d'argent dans chaque transaction. Cela l'a aidé à bien des égards, l'un d'eux étant un retour sur investissement accru.

Leçon : le retour sur investissement compte. Nous devrions tous nous attendre à ce que notre argent travaille dur pour nous, tout comme nous le ferions si nous avions des employés. La méthode traditionnelle permet à votre monnaie d'être paresseuse. La méthode BRRRR l'oblige à travailler dur et à mieux vous servir.

Mike's Carital Was Used Review; Tom a été utilisé une fois

Mike a pu économiser de l'argent et investir. Ses investissements lui ont apporté des liquidités et des flux de trésorerie, ce qu'il voulait. Tom a pu faire la même chose (en l'absence de la partie complète). Ce que Mike a fait différemment, c'est ce qui a eu le plus d'impact. Après avoir connu un coup de pouce, Mike a été réalisé, Mike a fait du retour, de ce que vous avez laissé à ce que la propriété soit à la suite.

Mike a sacrifié la trésorerie en faisant cela. Ses prêts étaient plus importants que ceux de Tom et, par conséquent, son hypothèque était plus élevée. Cela a conduit à une baisse des flux de trésorerie dans chaque transaction. Malgré cela, Mike a finalement gagné plus d'argent. Quoi? Parce que Mike a utilisé son capital encore et encore pour continuer à acheter des offres qui lui donneraient des liquidités et des flux de trésorerie. Il a forcé sa mère à travailler plus dur.

Míke a trouvé une bonne chose et l'a relu plusieurs fois. Tom a trouvé une bonne chose et a eu une chance. Mike a fait travailler son argent plus dur pour lui, mais lui a restitué le même argent. Tom a déjà son argent. Tom considérait l'argent comme un don financier qu'il offrait à quelqu'un dans le besoin : un investissement ponctuel. Mike regardait l'argent plus comme la façon dont un propriétaire d'entreprise regarde emrlowes.

L'argent de Mike était comme une équipe de construction qu'il a embauchée et formée pour ses activités de construction. Il les a envoyés travailler et quand ils lui ont rapporté un profit, il les a envoyés au travail suivant ! Chaque fois qu'ils travaillaient, et à chaque travail, ils devenaient meilleurs, plus rapides et plus qualifiés. L'équipage de Mike irait de mieux en mieux avec chaque travail qu'ils faisaient, lui faisant de plus en plus d'argent dans les processus.

Leçon : Tom n'a pas fait fonctionner son argent ou l'a

enseigné à mieux performer. Nous devrions toujours avoir de grandes attentes pour notre argent. C'est difficile à faire et difficile à garder ! La « vélocité » de notre maneu fait une très grande différence dans le jeu global de création de richesse. Nous devrions toujours chercher des moyens de l'améliorer, et nous devrions avoir de grandes attentes pour savoir comment le faire fonctionner.

Mike a évité les cures de désintoxication "légères" et a acheté de meilleures offres

Tom s'est concentré sur la rééducation légère parce qu'il voulait utiliser moins d'argent pour les améliorations et plus pour les avaries. Il avait raison de comprendre qu'il ferait mieux d'utiliser le moneu pour acheter plus d'actifs, mais il était inexact dans la façon dont il est allé ab faire ça.

En évitant de plus grandes cures de désintoxication, Tom a mis fin par inadvertance à votre évitement de meilleures offres. Les propriétés de location sur le MLS qui n'ont pas besoin de beaucoup de travail ne voient généralement pas un escompte important. Qui seraient-ils ? Mike a compris cela plus rapidement que Tom et a pu en profiter pour faire croître sa richesse plus rapidement.

Notre première priorité devrait être de trouver des offres que nous pouvons acheter à la valeur marchande. Cela n'inclut pas toujours une cure de désintoxication majeure, mais c'est souvent le cas. Mike a cherché des offres et des solutions aux problèmes qui l'auraient empêché de les acheter. Tom a cherché un achat facile.

Leçon : Chaque offre que nous achetons devrait être aussi faible que possible. L'achat de biens à la valeur marchande est un principe fondamental pour bien investir et doit être pratiqué aussi souvent que possible. "Vous faites votre argent quand vous achetez" est l'une des plus anciennes et des plus vraies maximes de l'immobilier. Rien ne remplace l'achat d'une bonne affaire. Concentrez-vous d'abord sur la façon de trouver de bonnes affaires, et la richesse finira par vous trouver.

Mike a ajouté Eduity à ses offres

Mike s'est rendu compte que de plus grandes cures de désintoxication ont conduit à de meilleures offres, ce qui a conduit à plus d'avantages. En plus de toutes ses transactions, Mike a augmenté sa richesse à un rythme beaucoup plus rapide que Tom. En plus de cela, Mike a pu récupérer beaucoup plus de son capital initial lorsqu'il a refinancé que Tom. Cela lui a donné plus de moyens d'acheter plus d'offres et lui a permis de se retrouver avec 84 maisons, pas 15.

Au bout de 15 ans d'investissement, cela a conduit Mike à avoir 1 764 000 $ d'investissement dans son portefeuille, tandis que Tom n'en avait aucun. Si Mike n'aimait pas l'idée de posséder 84 rôles unifamiliaux, il les vendrait et utiliserait le développement pour construire un grand immeuble multifamilial. Mike lui a donné des ordonnances.

Leçon : Eduitty augmente votre richesse, pas seulement votre trésorerie. Mike a beaucoup grandi, et cela sans aucune forme d'appréciation (peu probable après 15 ans). Cherchez des moyens d'ajouter de la valeur à chaque transaction que vous achetez et vous verrez votre richesse grandir rapidement. L'ajout de chambres à coucher, de salles de bains, de séquences en sduar et d'autres astuces sont d'excellents moyens de le faire, dont nous parlerons plus tard dans le livre.

Mike a demandé conseil avant de commencer

Tom a vu un publireportage et s'est rendu compte qu'il

voulait investir dans l'immobilier. Il n'avait pas tort. La décision de Tom lui a fait gagner beaucoup d'argent et l'a préparé pour une bien meilleure retraite. Tom n'aurait pas regretté cette décision.

Mike a demandé l'avis d'un investisseur immobilier plus avisé et plus expérimenté avant de se lancer. Il a passé une année supplémentaire à recueillir des informations, et cela a conduit à la naissance d'une stratégie qui a fini par lui faire gagner beaucoup d'argent que Tom.

Tom et Mike ont tous deux utilisé des stratégies qui avaient du sens pour eux sur la base des décisions précédentes qu'ils avaient prises dans la vie. Tom était un gars traditionnel, qui a suivi une voie professionnelle traditionnelle et a suivi le modèle d'investissement traditionnel.

Mike était un entrepreneur qui cherchait des solutions créatives aux problèmes et n'avait pas peur à l'idée de faire les choses un peu différemment. Là où Tom a vu un risque, Mike a vu un danger. Cette erreur a conduit à des résultats massifs au fil du temps.

Leçon : La peur, c'est la santé. Cela peut nous empêcher de faire des erreurs et parfois nous protéger. Mais en tant qu'émotion, nous ne pouvons pas simplement la suivre aveuglément. Comme un panneau sur la plage qui dit : les marées hautes sont des conditions dangereuses, nous devons prendre note de l'avertissement et regarder si l'océan est à marée haute. Si ce n'est pas le cas, nous devrions profiter d'un grand jeu de surf. Si c'est le cas, nous devrions attendre que la marée descende. Si nous ne pouvons pas faire la différence, nous devrions nous éduquer avant de sauter.

Ne présumez pas que lorsque vous ressentez l'émotion de la peur, c'est juste. Creusez des cerfs et explorez si vous devriez ou non l'obéir. Souvent, nos peurs sont basées sur des expériences passées qui n'ont rien à voir avec la question à laquelle nous sommes confrontés maintenant. Lorsque vous n'êtes pas sûr, entourez-vous de faits, de conseils avisés et éduquez-vous. Mike aurait perdu une quantité énorme de richesse s'il n'avait pas pris le temps et les efforts nécessaires pour surmonter ses peurs en premier.

Le volume de Mike était sensiblement plus élevé

Mike a acheté beaucoup plus de maisons que Tom. 69 de plus (et en un an de moins ! Avec une année supplémentaire, Mike aurait eu dix maisons supplémentaires). Même si le flux de trésorerie de Mike était inférieur à celui de Tom, le volume même de celui-ci a produit beaucoup plus de revenus. C'est l'un des avantages qui vient avec plus de volume.

Mike a pu produire beaucoup plus de volume avec la même quantité de carburant que Tom utilisait. Mike vient de l'utiliser plus efficacement. En répétant ce processus, année après année, sur une période de 15 ans, Mike a pu produire un résultat largement supérieur, grâce à un volume beaucoup plus sûr.

Leçon : le volume amplifie vos résultats, qu'ils soient positifs ou négatifs. Lorsque vous perdez de l'argent, le volume peut vous faire perdre beaucoup plus. Lorsque vous gagnez de l'argent, vous pouvez gagner beaucoup plus. Utilisez le volume comme un outil lorsque vous avez trouvé une bonne chose, mais seulement une fois que vous avez trouvé une bonne chose. Déplacez-vous lentement jusqu'à ce que vous sachiez que le processus que vous utilisez mène au résultat que vous voulez, alors vous pouvez régler votre volume.

Quelques points

Le modèle BRRRR surpasse le modèle traditionnel dans toutes les catégories statistiques pertinentes.

Il existe deux façons d'ajouter de la valeur à une propriété : acheter à bas prix (achat) ou ajouter de la valeur grâce à la réhabilitation (construire, forcer).

BRRRR augmente votre retour sur investissement en réduisant la base d'investissement restante dans un accord. BRRRR crée de la richesse plus rapidement en augmentant la vitesse de votre mouvement. BRRRR gagne en efficacité en vous rendant plus de votre carital et en maximisant l'effet de levier.

Maîtriser l'élément BRRRR fera de vous un meilleur investisseur en général. Le retour sur investissement de Mike était de près de 71 % par rapport à Le retour sur investissement de 14 % de Tom. BRRRR a fait une énorme différence dans les résultats finaux des portefeuilles des deux investisseurs.

Bâtiment sous la valeur marchande

Comme nous venons de l'apprendre dans l'histoire hurothétique de Tom et Mike, le droit d'achat est important. Le « droit d'achat » est souvent utilisé dans l'immobilier, ce qui signifie « acheter un investissement qui en fait une bonne affaire ». C'est un livre entier écrit pour vous apprendre une chose : comment gagner plus d'argent dans l'immobilier. Faire ce qu'il faut est la chose la plus importante que vous puissiez faire si vous voulez accomplir cela.

Apprendre à bien acheter et à trouver de bonnes affaires est ce qui permet à tout le reste de BRRRR de fonctionner. Parce que c'est si important, nous allons passer beaucoup de temps à chercher comment trouver de bonnes affaires, comment gagner moins pour eux et comment obtenir le meilleur. ry la plupart de tout ce que vous achetez. Exceller dans ce domaine de l'immobilier est ce qui ouvrira la porte à tout ce que vous apprendrez d'autre dans la réalité.

Pour simplifier cela aussi peu que possible, nous allons considérer "acheter le droit" pour signifier aussi peu que possible pour un accord mais toujours en mesure d'amener les propriétaires à accepter de nous vendre. Pour les investisseurs inexpérimentés, cela signifie un minimum de 100 vendeurs par mois et quelque chose qui colle. Pour l'investisseur expérimenté, cela signifie cibler les vendeurs sous une forme de détresse qui sont plus susceptibles de travailler avec un acheteur qui ne va pas payer pour un dollar. En réduisant ceux qui sont les plus susceptibles d'être attirés par notre offre d'achat de leur propriété, nous augmentons nos chances de trouver un "gagnant-gagnant" situation.

Les trois formes de détresse

Qu'est-ce que cela signifie? Si vous voulez être un bon investisseur immobilier, vous devez être bon pour cibler les personnes en détresse. Maintenant, il y a trois types de détresse que nous ciblons en tant qu'investisseurs, et nous allons aborder les trois à différents moments dans le b d'accord. Ils sont:

- Détresse du marché
- Détresse personnelle
- Пpopepтy ditress

La détresse du marché survient lorsqu'un marché, une

économie ou une région entière traverse une période difficile. Pensez à 2010 lorsque la crise du logement était à son apogée et qu'il y avait des panneaux "à vendre" sur quatre à cinq maisons dans certaines marques c'est. Californie, Nevada, Arizona, Floride - de nombreux marchés différents étaient dans une telle détresse que des investisseurs avisés pourraient jeter un roc k et conclu un accord. C'est le moment le plus facile pour trouver des offres, mais celui sur lequel vous avez le moins de contrôle. Si vous comptez sur la détresse du marché, vous passerez la majeure partie de votre temps à attendre et à ne pas investir.

La détresse personnelle est à quel point les investisseurs à temps plein ciblent des offres professionnelles. C'est ainsi que la plupart des grossistes trouvent des offres. La détresse personnelle survient lorsque le propriétaire d'une propriété est dans une certaine forme de détresse dans sa vie personnelle qui affecte sa f inance. Des exemples seraient un divorce, un emploi perdu, un décès dans la famille, des ventes de confiance, des dépenses médicales soudaines, etc. La détresse personnelle est la meilleure forme de détresse à cibler si vous voulez trouver des offres avec la marge la plus élevée. C'est aussi le plus difficile. Trouver ceux qui sont en détresse personnelle implique une grande quantité de temps, d'énergie et de concentration consacrée à discuter et à développer des relations. avec des professionnels qui sont susceptibles de rencontrer des personnes qui traversent des moments financiers difficiles.

La plus grande difficulté, c'est quand le programme lui-même est dans un si mauvais état que sa valeur en est affectée. Les propriétés qui nécessitent de grandes quantités de travail pour être habitables sont une forme de détresse. Les examens comprennent des toits qui fuient, des problèmes de fondation, des problèmes pe repos importants (dommages à terme), des plans d'étage obsolètes, etc. La détresse proprement dite est la forme de détresse qui implique le plus de travail, mais c'est aussi la forme la plus facile à cibler et celle que vous avez la m plus de contrôle sur la découverte. En tant qu'investisseur BRRRR, c'est le pneu de détresse que vous trouverez généralement le plus ciblé.

Une fois que vous avez appris les trois types de difficultés, vous commencez à évaluer lequel des trois convient le mieux à votre personnalité, à votre tolérance au risque et à vos compétences. Pour l'exemple, si vous êtes très bien que vous ne réalisez pas, et ne réalise pas les choses, vous ne tradons pas pour que En faisant savoir à l'ensemble de votre réseau que vous êtes à la recherche d'un problème qui a besoin d'une vente rapide, vous êtes plus susceptible de trouver de bonnes affaires avant que quelqu'un d'autre ne le fasse oui.

Si vous êtes plus occupé, si vous travaillez à temps plein ou si vous avez d'autres engagements de temps, la détresse peut être une meilleure cible à cibler. En demandant à un agent de rechercher des propriétés qui nécessitent beaucoup de travail, vous pouvez vous concentrer sur le fait de gagner de l'argent d'une autre manière pendant que votre conception cr une nouvelle équipe ou une équipe de réadaptation s'occupe du problème (le travail dont le pr opepту avait besoin) qui vous a permis de l'acheter à un tarif réduit.

Si vous vous connaissez assez bien pour savoir que vous ne voulez pas apprendre à investir, que vous n'aimez pas le risque et que vous voulez juste quelque chose de facile à jeter votre argent cela ne prendra pas beaucoup de votre temps, vous pouvez vous contenter du fait la détresse du marché est votre meilleur pari. Si c'est vous, économiser de l'argent de manière cohérente et attendre le prochain accident peut être votre meilleur pari.

Peu importe la méthode que vous jugez la meilleure pour vous (ou si vous voulez utiliser les trois !), comprenez que le droit d'achat est là où tout commence. L'achat de propriétés en dessous de la valeur marchande ouvrira le reste des portes dont nous parlons dans le livre.

La règle du 1 %

La règle de 1% est un maximum qui stipule que si une entreprise loue 1% de l'immobilier, c'est comme un flux de trésorerie. Il s'agit d'une mesure très importante pour nous en tant qu'investisseurs BRRRR qui recherchent des propriétés plus intéressantes que la location, pas la vente em comme flips.

Pour le dire simplement, si une propriété se loue pour 1 000 $ et que vous avez payé 100 000 $ pour cela, elle respecte la règle de 1 %. Une maison de 200 000 $ devrait être louée pour 2 000 $ et une maison de 150 000 $ pour 1 500 $. Les maisons qui répondent à ces critères ont tendance à avoir un flux de trésorerie plus fort que les propriétés qui ne le font pas. Ceci est très important lorsque vous réfléchissez à la région dans laquelle vous voulez commencer à chercher des offres, à laquelle vous devez vous intéresser et à quel prix vous peut offrir au vendeur. Si la zone a un pourcentage élevé de 1 % de bonnes affaires, vous avez plus de chances d'y réussir.

Veuillez noter qu'une propriété n'a pas à se conformer à la règle de 1 pour cent afin de pouvoir s'écouler correctement. Il existe de nombreux facteurs qui déterminent si une propriété vous rapportera de l'argent chaque mois. Certaines propriétés ont des frais HOA (association de propriétaires), des taxes élevées, une assurance supplémentaire requise, etc. Ce sont toutes des variables que vous ne pourriez pas prendre en considération en utilisant uniquement la règle du 1 %.

De plus, j'ai trouvé que plus une propriété est coûteuse, moins il est probable qu'il soit nécessaire de se conformer à cette norme. Un prêt de 500 000 $ n'aurait pas besoin de louer 5 000 $ par mois pour être rentable, alors qu'un prêt de 50 000 $ devrait être réalisable à 500 $ par mois pour faire plus. La règle de 1 % a tendance à être plus strictement réservée aux propriétés à bas prix, c'est là que la plupart des investisseurs opèrent.

Enfin, dans mon esprit, c'est une règle générale, pas une règle absolue. Le "droit d'achat" est quelque chose qui n'est pas négociable. La règle de 1 % ne l'est pas. À une époque comme maintenant (2018), les taux d'intérêt sont à des niveaux historiquement bas. L'argent est très clair et, par conséquent, les montants hypothécaires sont anormalement bas. Cela signifie que vous pouvez emprunter plus d'argent et percevoir moins de loyer que la normale, mais que vous avez toujours une bonne trésorerie, tout cela parce que vos dépenses hypothécaires sont exceptionnelles. normalement plus faible que d'habitude. Cela vous donne plus de mou quand il s'agit de ne pas respecter la règle de 1 %, mais de pouvoir quand même gagner de l'argent.

En général, une propriété peut être louée pour environ 0,08 % du prix d'achat et reste généralement rentable. Parce que le 1 pour cent du loyer est plus facile à calculer dans ma tête que 0,08, je me trouve juste la règle du 1 pour cent et je creuse rer dans les propriétés qui se "rapprochent" de lui. Le but de la règle du 1 pour cent n'est pas de justifier un achat qui n'a pas de sens (nous n'achetons pas tous les biens à 1 pour cent). Son but est de vous aider à décider si la recherche d'un cerf dans les finances d'une propriété est une utilisation judicieuse de votre temps. La règle de 1 % est une procédure de dépistage préliminaire destinée à vous faire gagner du temps.

75 % des ARV

Ce n'est pas vraiment une règle empirique utilisée par tous les investisseurs, mais c'est une métrique que j'utilise personnellement pour déterminer quoi rau pour un projet. Cette règle stipule que je veux que mes dépenses totales pour une propriété (action plus réadaptation) s'ajoutent à 75 % de ce que la propriété sera arrais pour quand j'aurai fini. Cela signifie essentiellement que je suis prêt à dépenser 75 cents par dollar pour ce que j'achète.

Si vous êtes curieux de savoir où je suis venu avec le nombre de 75 %, ce n'était pas par hasard. J'ai constaté que la plupart des banques sont prêtes à prêter à un LTV de 75 % (loan to value).

Comment investir dans des propriétés locatives immobilières

Passez-vous des heures à regarder HGTV ou à regarder des maisons sur Zillow ? Il est temps pour vous de prendre au sérieux l'investissement immobilier. Alors que le marché du logement est plus chaud qu'il ne l'a été depuis des années, les débutants en investissement immobilier devraient se poser les six questions suivantes avant de plonger.

1. La propriété locative et l'investissement immobilier vous conviennent-ils ?

Lorsque les valeurs réelles semblent s'appliquer à vous, il est tentant d'envisager d'investir dans l'immobilier comme moyen simple de générer un pacc je suis dans certains. Comme pour les autres investissements, cependant, vous devez être préparé à la décision que l'immobilier ne sera pas affecté immédiatement. Cela est particulièrement vrai lorsque vous investissez dans des propriétés locatives, qui auront invariablement plus de goûts et de demandes que vous ne le pensez.

Tout d'abord, faites l'inventaire de votre situation financière. Avez-vous un fonds d'urgence suffisant pour couvrir six mois de dépenses ? Avez-vous des dettes à taux d'intérêt élevé, comme des cartes de crédit ou des prêts personnels ? Prévoyez-vous 15 % de vos revenus pour la retraite ? Avez-vous suffisamment d'argent de côté pour des choses comme l'entretien, une assurance ou un prêt immobilier entre locataires, sans vous endetter ?

Les réponses à des questions comme celles-ci peuvent vous dire si c'est maintenant le bon moment pour investir sans détour d'autres objectifs financiers, note Brn Walsh, un planificateur financier (CFP) et directeur principal de la planification financière chez SoFit . "Les personnes qui ont une base financière solide peuvent prendre des risques supplémentaires et de nouvelles erreurs", dit-il.

Ne négligez pas une autre question fondamentale : Voulez-vous vraiment investir dans l'immobilier ? Vous devez être préparé aux risques potentiels et aux maux de tête qui accompagnent le fait d'être propriétaire, y compris les fluctuations des loyers et de sélectionner des locataires fiables qui louent chaque mois, déclare Chris Dolan, CFP et planificateur financier principal à Baird.

"Demandez-vous : avez-vous le cœur d'expulser quelqu'un ?

Parce que parfois, c'est exactement ce dont il s'agit », explique Dolan. "Si vous envisagez un investissement comme une entreprise, allez-vous laisser quelqu'un vivre dans votre propriété gratuitement ? Parce que si vous le faites, alors votre entreprise va échouer.

Enfin, vous devrez investir avec "tout le monde" afin de savoir exactement ce que vous obtenez, soyez prudent avec les risques et les risques, explique Justin Halverson. stratégies chez Great Water Financial. "La première chose que je dis toujours est la suivante : vous devez agir avec prudence, car ce n'est pas aussi simple que cela puisse paraître. Je suis à l'extérieur », explique-t-il.

2. Quel type de bien locatif devriez-vous acheter ?

Un élément clé pour décider d'investir dans un bien locatif est de déterminer combien d'argent vous avez à vendre et si vous allez payer ou contracter une hypothèque.

Si vous utilisez un financement, les prêteurs voudront connaître votre taux de crédit, combien d'argent vous avez pour un acompte, votre ratio d'endettement et Si vous utilisez judicieusement dans une maison actuelle, vous êtes le propriétaire pour amorcer votre investissement.

Tant que la construction d'un bien locatif a du sens pour votre situation financière, cela peut être une erreur indue de faire croître votre patrimoine, note Dolan. "La plupart des Américains de la classe moyenne ne pourront pas entrer dans une banque et dire:" Je veux emprunter un demi-million de dollars pour investir dans le marché "", dit-il. "Vous pouvez tirer parti de l'argent de quelqu'un d'autre pour faire cet investissement [avec un bien immobilier]."

Lorsque vous comparez les avantages et les inconvénients de divers investissements immobiliers, assurez-vous de faire une estimation raisonnable de la somme à moins de loyer, vous serez en mesure de facturer afin que vous puissiez râter ensemble. r un plan de trésorerie réaliste, recommande Walsh.

L'argent qui arrive chaque mois doit couvrir les dépenses, y compris les paiements hypothécaires, les assurances et les coûts imprévus, c'est-à-dire ou "faites le calcul", dit Walsh.

L'identification de vos buts et de vos objectifs peut également vous aider à décider lequel acheter. Vous souhaitez utiliser votre logement gratuitement et le louer le reste de l'année ? Ou vous cherchez une propriété qui est uniquement un investissement pour générer un revenu passif qui pourrait éventuellement devenir votre ole source de revenu? "Commencez par la fin à l'esprit", conseille Halverson.

3. Comment allez-vous gérer votre investissement immobilier ?

La plupart des propriétaires de logements locatifs appartiennent à l'une des deux catégories suivantes : ils achètent une maison relativement proche de l'endroit où ils habitent ou ils convertissent un résidence préalable dans une zone géographique différente d'une location après avoir déménagé, dit Walsh.

Quelle que soit l'approche que vous adoptez, vous devrez décider si vous gérerez vous-même les problèmes de maintenance ou si vous engagez une direction. La plupart des gens ont commencé à gérer une propriété eux-mêmes, mais ils passent souvent à une société de gestion. "Vous aurez moins de profit, mais vous aurez également lont la tranquillité d'esprit que vous n'avez pas à le faire vous-même", dit-il.

Les sociétés de gestion Prorert peuvent également aider à sélectionner les locataires ou à les visiter, si nécessaire, ainsi que la gestion quotidienne nance, comme tondre la pelouse ou faire des réparations, dit Dolan. Si vous adoptez l'approche de bricolage, prenez en compte le temps de vous rendre à votre propriété de location et gérez ces problèmes, ajoute-t-il.

"C'est généralement ce qui finit par tuer l'affaire pour quelqu'un - le temps et le traumatisme émotionnel lorsqu'il s'agit de traiter avec des locataires", dit Dolan. "Le gestionnaire de propriété va atténuer tout cela."

4. Comment allez-vous gérer les aspects commerciaux de la propriété locative ?

En plus d'aider à gérer vos propriétés de location, il y a un autre avantage à travailler avec une gestion quelque part : vous pouvez dépoussiérer ces dépenses ou dans vos impôts, ainsi que d'autres dépenses comme la plupart des intérêts hypothécaires, l'impôt foncier, l'amortissement, les réparations et les dépenses d'exploitation. Bien que ce soit un avantage appréciable, c'est aussi un signe que votre situation financière devient plus complexe une fois que vous possédez un projet de location riss.

"Parlez à un professionnel de l'impôt, car il vous aide à réduire considérablement votre revenu imposable", conseille Halverson. De plus, vous devriez ouvrir un compte bancaire dédié à votre location rorrtu - ou établir une société à responsabilité limitée (LLC) pour avoir ndle toutes les couleurs intérieures et extérieures. « Traitez-le comme un buisson », ajoute-t-il.

Dolan recommande de prendre une décision particulière pour gérer vos revenus locatifs afin de minimiser les risques associés. Si quelqu'un intente une action en justice, par exemple, il peut intenter une action contre la LLC et non contre vous personnellement. Et enfin, n'oubliez pas l'assurance. "Cela vous aidera à vous protéger à des fins responsables", dit-il.

5. Pouvez-vous éviter les erreurs courantes d'investissement dans la propriété de location ?

Parce que vous envisagez probablement la location comme un investissement à long terme, vous voulez éviter certaines erreurs qui pourraient m'arriver. peut vous faire perdre de l'argent ou abandonner l'idée tout à fait.

"La plus grande erreur que je vois, c'est que les gens mettent ensemble un plan et supposent qu'ils vont avoir des locataires dans des unités chaque mois sans aucun écart s", dit Walsh. "C'est bien pour le meilleur des cas, mais j'encourage les gens à réfléchir à une hypothèse plus réaliste, comme un garçon chez le locataire s, retards de paiement ou réparations tardives et inattendues.

De même, Halverson a vu des gens se brûler en supposant qu'ils peuvent louer une propriété sans d'abord consulter le propriétaire. l'association ou la réglementation municipale. Certains débutants commettent également l'erreur d'investir trop d'argent dans une rénovation ou une cure de désintoxication ou de s'endetter trop, ce qui vous ronge notre profit. D'autres encore achètent trop de propriétés de location trop tôt au lieu d'apprendre d'abord les tenants et les aboutissants d'une seule propriété.

La vente à emporter ? Comme pour beaucoup de choses dans la vie, soyez prudent et faites vos recherches. Investir dans l'immobilier locatif est un gros investissement.

6. Quelles sont les alternatives à la possession d'un bien locatif ?

Lorsqu'il travaille avec des clients sur la planification de la retraite, Dolan dit qu'il pousse un soupir de soulagement chaque fois qu'il voit une location parce qu'elle C'est une source stable de son flux après qu'ils aient cessé de fonctionner.

Cela dit, posséder des biens de location n'est pas pour tout le monde. Peut-être êtes-vous découragé par l'idée de devenir propriétaire ou de traiter avec l'utilisateur du projet. Ou peut-être qu'il s'agit de dollars et que vous n'avez pas assez d'argent pour acheter un bien. Peu importe la raison, il existe des alternatives.

Par exemple, vous pouvez choisir de faire un investissement avec quelqu'un d'autre. Avant de le faire, cependant, assurez-vous d'avoir conclu un accord solide et de consulter un avocat, conseille Halverson. "Cela semble être une excellente idée et cela peut être trop prudent quant à la préparation en amont de toutes les possibilités qui pourraient arriver », saute-t-il.

Une stratégie moins risquée consiste à faire un micro-investissement dans l'immobilier en utilisant un certain nombre de plateformes comme Fundrise ou CrowdStret. L'avantage est que vous faites affaire avec de nombreux autres micro-investisseurs pour acheter un bien et éliminer une grande partie des tracas (choisir un pro pertu et le gérer). Vous avez également besoin de beaucoup moins d'argent à investir.

Une autre option pour l'immobilier sans argent : Investir dans l'immobilier en bourse, constituer des actions d'entreprises du secteur du logement, investir dans des fonds qui ont une exposition à l'immobilier ou acheter des FPI (abréviation de fiducies d'investissement immobilier). Cette stratégie offrira une exposition à un plus large éventail de propriétés dans divers endroits, ce qui peut aider à répartir les risques .

Enfin, il y a une vérité avant de l'acheter : prenez babu sters en faveur d'un propriétaire en louant d'abord la propriété que vous louez Je vis de manière régulière, Walsh conseille oui. C'est une façon de tester la transition vers la possession d'un prortu solelu dans le but de le louer », explique-t-il.

Comment obtenir un prêt hypothécaire pour un bien locatif

Bien qu'une hypothèque sur une propriété de location soit fondamentalement la même qu'une hypothèque sur résidence principale, il y a quelques différences essentielles. Pour commencer, il y a des taux de défaut plus élevés sur les prêts immobiliers locatifs parce que les emprunteurs confrontés à des problèmes financiers ont tendance à se concentrer sur une résidence principale. l'hypothèque d'abord. Le risque supplémentaire signifie que les prêteurs facturent généralement des taux d'intérêt plus élevés sur les propriétés de location.

Ensuite, il y a les normes de souscription, qui ont tendance à être plus strictes pour les locations. En général, les prêteurs hypothécaires se concentrent sur le pointage de crédit de l'emprunteur, l'acompte et le ratio d'endettement. Les mêmes facteurs s'appliquent principalement aux prêts immobiliers locatifs, mais l'emprunteur sera probablement tenu de respecter les critères de crédit les plus stricts et les seuils DTI - et un minimum plus élevé. De plus, le prêteur peut examiner de plus près l'historique d'emploi et les revenus de l'emprunteur et vouloir voir avant l'expérience en tant que propriétaire.

En général, voici ce que les prêteurs exigent des emprunteurs pour approuver un prêt hypothécaire :

- Pointage de crédit : Un pointage minimum de 620, avec de meilleurs taux et conditions offerts avec des pointages de 740 et plus.

- Acompte : il est possible de verser aussi peu que 3 % sur une hypothèque conventionnelle pour une résidence principale, mais les emprunteurs doivent rau privé m assurance emprunteur (PMI) si l'acompte est inférieur à 20%. Le PMI ne s'applique pas aux prêts immobiliers locatifs, de sorte que les emprunteurs doivent généralement verser au moins 15% à 20%.
- Taux d'endettement (DTI) : le DTI représente le pourcentage du revenu mensuel de l'emprunteur qui sert à rembourser la dette. Bien que les limites soient plus flexibles pour les hypothèques sur résidence principale, les emprunteurs doivent avoir un DTI compris entre 36 % et 45 % pour pouvoir prétendre à une hypothèque de location. e.
- Économies : en plus d'afficher un ratio d'endettement favorable, les emprunteurs devraient également avoir suffisamment d'argent à la banque pour couvrir trois à six mois de remboursements hypothécaires, en particulier les intérêts, les taxes et les assurances.

Méfiez-vous des taux d'intérêt élevés

Le coût d'emprunt d'argent pourrait être relativement élevé en 2021, mais le taux d'intérêt sur un projet d'investissement est généralement plus élevé que n c'est pour une hypothèque traditionnelle. Si vous décidez de financer votre achat, vous avez besoin d'un faible versement hypothécaire qui ne grignotera pas trop vos bénéfices mensuels.

Calculez vos marges

Les entreprises de Wall Street qui achètent des propriétés en difficulté visent des rendements de 5% à 7% parce que, entre autres dépenses, elles doivent rau personnel. Les individus devraient se fixer un objectif de rendement de 10 %. Estimer les coûts d'entretien à 1% de la valeur de la propriété annuellement. Les autres coûts comprennent l'assurance habitation, les frais d'association des propriétaires éventuels, les taxes appropriées, les dépenses mensuelles tels que le contrôle des ravageurs et l'aménagement paysager, ainsi qu'un entretien régulier.

Investissez dans l'assurance propriétaire

Protégez votre nouvel investissement : en plus de l'assurance habitation, les propriétaires de biens locatifs doivent toujours souscrire une assurance propriétaire. Ce type d'assurance couvre généralement les dommages matériels, la perte de revenus locatifs et la protection contre la responsabilité - dans la mesure où un locataire ou un visiteur subit une blessure à la suite de l'entretien de la propriété.

Gardez à l'esprit que les polices d'assurance habitation standard peuvent ne pas couvrir les pertes subies pendant que la maison est louée. Contactez votre agent d'assurance pour vous assurer que vous êtes correctement assuré.

CONSEIL : Pour réduire vos coûts, demandez-vous si un fournisseur d'assurance vous permettra de regrouper une assurance propriétaire avec un rôle d'assurance habitation.

Facteur de coûts inattendus

Ce ne sont pas seulement les coûts de maintenance et d'entretien qui rongeront vos revenus locatifs. Il y a toujours la possibilité qu'une émergence puisse endommager votre toit suite à un ouragan, par exemple, ou faire éclater des tuyaux qui détruisent un k ça gratte le sol. Prévoyez de mettre de côté 20% à 30% de vos revenus locatifs pour ces types de coûts afin d'avoir un fonds à payer pour des réparations ponctuelles .

Éviter un réparateur

Il est tentant de chercher la maison que vous pouvez obtenir à une bonne affaire et flirter dans une propriété locative. Cependant, s'il s'agit de votre première propriété, c'est probablement une mauvaise idée. À moins que vous n'ayez un interlocuteur qui effectue un travail de dualité sur la table ou que vous soyez compétent dans les améliorations à grande échelle de la maison, vous le feriez probablement d rau trop mon pour rénover. Au lieu de cela, recherchez une maison dont le prix est inférieur à celui du marché et qui ne nécessite que des réparations mineures.

Calculer les dépenses d'exploitation

L'évaluation des dépenses sur votre nouvelle propriété représentera entre 35% et 80% de votre revenu brut d'exploitation. Si vous facturez 1 500 $ pour le loyer et que vos dépenses s'élèvent à 600 $ par mois, vous êtes à 40 % pour les dépenses d'exploitation. Pour un calcul encore plus simple, utilisez la règle des 50 %. Si le loyer que vous facturez est de 2 000 $ par mois, attendez-vous à payer 1 000 $ au total.

Déterminez votre retour

Pour chaque dollar que vous investissez, quel est votre retour sur ce dollar ? Les actions peuvent offrir un revenu de 7,5 % en espèces, tandis que les obligations peuvent payer 4,5 %. Un rendement de 6% au cours de votre première année en tant que propriétaire est considéré comme sain, surtout parce que ce nombre devrait augmenter avec le temps.

Ceci est une maison à faible coût

Plus la maison est chère, plus vos dépenses en cours seront importantes. Certains experts recommandent de commencer par une maison de 150 000 $ à 200 000 $ dans un quartier proche. De plus, les experts conseillent de ne jamais acheter la plus belle maison à vendre sur le bloc - et idem pour la pire maison sur le bloc.

Est-ce un bon investissement ?

Les condos peuvent être une bonne option pour les acheteurs de propriétés locatives, car ils ont tendance à être plus abordables que les maisons unifamiliales comparables, et ils sont souvent situés dans des endroits souhaitables (c'est-à-dire à la plage ou dans une station de ski). De plus, les condos ont souvent moins d'exigences d'entretien parce que les propriétaires ne sont pas responsables de l'entretien du terrain ou de l'immeuble. est extérieur.

Pourtant, financer un fils est plus délicat que d'obtenir un prêt hypothécaire pour une maison unifamiliale. Par exemple, la plupart des prêteurs exigent qu'au moins 50 % des unités soient détenues par le propriétaire et que l'association des propriétaires est en bonne part. Il est également important d'envisager d'éventuelles évaluations spéciales. Vous pourrez peut-être faire basculer les cotisations mensuelles sans problème, mais si le bâtiment a besoin, disons, d'un nouveau toit, vous devrez peut-être un temps spécial. paiement qui pourrait être des milliers (ou des dizaines de milliers) de dollars.

Connaissez vos obligations légales

Les propriétaires locatifs doivent connaître les lois propriétaire-locataire dans leur état et leur localité. Il est important de comprendre, par exemple, les droits de vos locataires et vos obligations concernant les pertes de sécurité, les moindres exigences, dans les règles, un logement équitable, et plus encore afin d'éviter les tracas juridiques.

Quand consulter un gestionnaire de propriété

Les propriétaires de biens locatifs peuvent gérer eux-mêmes la propriété ou engager un gestionnaire de propriété. Cela peut être une décision difficile à prendre car les gestionnaires de propriété facturent généralement entre 8% et 12% des loyers collectés, ce qui peut vraiment en manger des bénéfices.

Pourtant, embaucher un bon gestionnaire expérimenté peut en valoir la peine. Après tout, cela signifie moins de travail et moins de têtes pour vous, car vous profitez de leur expertise dans l'industrie. En général, un gestionnaire d'erreurs :

- Savoir commercialiser le rorertu
- Comprendre le marché locatif local et s'assurer que vous fixez le prix de la location en conséquence
- Montrez la propriété aux locataires potentiels (pour que vous n'ayez pas à le faire)
- Examiner les locataires (par exemple, vérifier la solvabilité et vérifier les références)
- Percevez le loyer en votre nom et versez le moneu dans votre banque
- Gérez les loyers en retard et naviguez dans le processus d'expulsion
- Traiter les plaintes des locataires
- Organiser les travaux d'entretien et de réparation
- Factures liées à la santé, telles que les taxes, les services publics et les assurances

Si vous voulez demander à un gestionnaire de vous donner

un sens financier, posez-vous ces questions :

- Ai-je le temps de gérer le rôle ? Si vous avez un autre emploi à temps plein, vous n'aurez ni le temps ni l'énergie pour gérer une propriété par vous-même. Cela est vrai si vous avez plusieurs erreurs.
- Quelle est la distance entre le bien locatif et mon domicile ? Être loin de la location prend plus de temps de votre journée et rend plus difficile la gestion des problèmes courants et urgents.
- Suis-je prêt à traiter avec les locataires ? Même si vous faites un bon travail de dépistage, il est probable que vous deviez faire face à des locataires irraisonnables, des loyers en retard et des expulsions à ce moment-là. certains roint. Est-ce quelque chose que vous êtes prêt à faire ?
- Ma location est-elle appropriée pour les locataires à court ou à long terme ? Il pourrait être plus facile de s'autogérer si vous recherchez des locataires à long terme. Mais s'il s'agit d'une location à court terme (par exemple, un Airbnb), vous aurez affaire à de nombreux locataires différents - et potentiellement à beaucoup de clients. problèmes de maintenance et d'entretien.
- Avez-vous besoin de le contrôler? Si vous aurez du mal à transmettre les réponses telles que le choix des locataires et l'exécution des tâches de maintenance, vous pourriez être mieux gérer le bien vous-même.

Peser les risques vs. les récompenses

Dans chaque décision financière, vous devez déterminer si le gain vaut les risques potentiels encourus. Investir dans l'immobilier a-t-il un sens pour vous ?

Récompenses

- Parce que votre revenu est passif, malgré l'investissement initial et les frais d'entretien, vous pouvez gagner de l'argent tout en putt Consacrez la majeure partie de votre temps et de votre énergie à votre travail habituel.
- Si les valeurs immobilières augmentent, votre investissement augmentera également en valeur.
- Vous pouvez intégrer des biens immobiliers dans un IRA autogéré (SDIRA).
- Les revenus locatifs ne sont pas inclus dans vos revenus soumis à l'impôt sur la sécurité sociale.
- Le taux d'intérêt d'un prêt d'investissement est déductible d'impôt.
- À moins d'une autre crise, les valeurs immobilières sont généralement plus stables que le marché boursier.
- Contrairement à investir dans des actions ou d'autres produits financiers que vous ne pouvez ni voir ni toucher, l'immobilier est un actif financier tangible.

Des risques

- Bien que le revenu locatif soit passif, les locataires peuvent être pénibles à gérer, à moins que vous n'utilisiez une bonne société de gestion.
- Si votre revenu brut ajusté (AGI) est supérieur à 200 000 $ (en anglais) ou à 250 000 $ (dépôt marié), vous serez assujetti à une surtaxe de 3,8 % sur les revenus nets de placement, y compris les revenus de location. e.
- La location dans certains cas peut ne pas couvrir le montant total de votre hypothèque.
- Contrairement aux actions, vous ne pouvez pas

vendre instantanément des biens immobiliers si les marchés tournent mal ou si vous avez besoin d'argent.

- Les coûts d'entrée et de sortie peuvent être élevés.
- Si vous n'avez pas de locataire, vous devez quand même payer toutes les dépenses.

Dois-je trouver un partenaire d'investissement immobilier ?

Si vous souhaitez investir dans une propriété de location mais que vous n'avez pas l'argent (ou l'expertise) pour y arriver, vous voudrez peut-être envisager un partenariat immobilier. En termes simples, un partenaire investisseur aide à financer l'accord en échange d'une part des bénéfices.

Gardez à l'esprit qu'un partenariat n'est pas un "bouton facile" et qu'il ne vous évite aucun travail. Vous devez encore faire vos devoirs, pratiquer votre argumentaire et être prêt à montrer les partenaires potentiels que l'investissement fait C'est un sens financier.

Comment puis-je trouver un partenaire d'investissement immobilier ?

Vous n'avez pas besoin d'une concurrence de Wall Street pour trouver un investisseur immobilier avec lequel rartner. Au lieu de cela, vous pouvez demander à votre propre réseau de famille et d'amis, trouver un investissement immobilier local, envisager un financement participatif immobilier, ou rechercher des médias sociaux qui ciblent les investisseurs immobiliers.

De combien d'acompte avez-vous besoin pour acheter votre investissement Prorertu ?

Les prêteurs ont généralement des directives plus strictes en ce qui concerne les contrats de location. Bien que vous puissiez acheter une maison avec aussi peu que 3 % de mise de fonds, la plupart des emprunteurs doivent mettre de côté 15 % à 20 % pour acheter une location. Les prêts hypothécaires de location ont un taux de défaut plus élevé parce que les emprunteurs en difficulté financière ont tendance à se concentrer sur le premier prêt hypothécaire de leur maison. t.

Dois-je investir dans un condo?

Les condos sont souvent moins chers que les maisons unifamiliales comparables, et ils ont moins d'exigences d'entretien. Cependant, il peut être plus difficile de financer un prêt, et vous devez tenir compte des cotisations d'association en cours et du potentiel de évaluations spéciales approfondies. Lorsque vous envisagez un condo pour un investissement, assurez-vous d'enquêter sur la santé financière de l'association des propriétaires et sur la situation actuelle. sur l'ensemble du bâtiment, pas seulement sur l'unité individuelle.

CONCLUSION

Il y a beaucoup à apprendre sur l'investissement dans la location. J'apprends toujours de nouvelles choses tout le temps, et je suis un agent immobilier et des investisseurs depuis 2001. Ne soyez pas submergé par toutes les informations dans et différentes stratégies que j'implique dans les propriétés de location. Chaque marché est très différent et ce que je fais sur mon marché peut ne pas fonctionner sur votre marché. Prenez les choses en main pour connaître votre marché et développer votre propre stratégie. Si vous avez besoin d'un petit coup de pouce ou d'une direction pour savoir par où commencer; mon programme peut être en mesure de vous aider à commencer à investir dans des propriétés de location un peu plus difficile que de tout faire vous-même.

www.ingramcontent.com/pod-product-compliance
Lightning Source LLC
Chambersburg PA
CBHW050745260726
48661CB00001B/418